大数据环境下高校图书馆信息服务创新研究

黎香秀 著

吉林大学出版社

·长春·

图书在版编目（CIP）数据

大数据环境下高校图书馆信息服务创新研究 / 黎香秀著. -- 长春：吉林大学出版社，2022.5
ISBN 978-7-5768-0576-5

Ⅰ.①大… Ⅱ.①黎… Ⅲ.①院校图书馆—图书馆服务—研究 Ⅳ.① G258.6

中国版本图书馆 CIP 数据核字 (2022) 第 173274 号

书　　名	大数据环境下高校图书馆信息服务创新研究
	DASHUJU HUANJING XIA GAOXIAO TUSHUGUAN XINXI FUWU CHUANGXIN YANJIU
作　　者	黎香秀　著
策划编辑	殷丽爽
责任编辑	殷丽爽
责任校对	周　鑫
装帧设计	李文文
出版发行	吉林大学出版社
社　　址	长春市人民大街 4059 号
邮政编码	130021
发行电话	0431-89580028/29/21
网　　址	http://www.jlup.com.cn
电子邮箱	jldxcbs@sina.com
印　　刷	天津和萱印刷有限公司
开　　本	787mm×1092mm　1/16
印　　张	11
字　　数	200 千字
版　　次	2023 年 1 月　第 1 版
印　　次	2023 年 1 月　第 1 次
书　　号	ISBN 978-7-5768-0576-5
定　　价	72.00 元

版权所有　翻印必究

前　言

随着移动互联网的不断发展，如今社会已经进入了大数据时代，在海量数据的包围之下，人们获取与发布信息更加方便、快捷，但是从另一方面来讲，由于信息呈现出爆炸式的增长，使得人们在众多的信息中获取自己所需信息变得困难，通常会花费一定的时间和精力才能真正获取信息。而高校图书馆作为高等院校中一个不可或缺的重要组成部分，其在为师生提供有效信息方面具有十分重要的作用，有义务将有用的信息提供给读者用户。因此，大数据时代，如何从海量信息中获取有效信息，并将其提供给用户，成为高校图书馆信息服务创新发展的方向；将大数据技术融入图书馆信息服务，为用户提供个性化服务也成为图书馆发展的必然趋势。

本书共分为六章。本书第一章内容为大数据与图书馆信息服务，主要从三方面进行了介绍，依次为大数据理论概述、图书馆信息服务概述、大数据技术对图书馆信息服务的影响；本书第二章内容为高校图书馆信息服务概述，主要从四个方面进行了介绍，依次为高校图书馆信息管理、高校图书馆信息服务、高校图书馆健康信息服务、高校图书馆知识产权信息服务；本书第三章内容为大数据下高校数字图书馆信息服务，主要从三个方面进行了介绍，依次为数字图书馆、高校数字图书馆信息服务、大数据下高校数字图书馆信息服务的发展；本书第四章内容为大数据下高校智慧图书馆信息服务，主要从四个方面进行了介绍，依次为智慧图书馆、高校智慧图书馆信息服务、大数据下高校智慧图书馆信息服务体系、大数据下高校智慧图书馆信息服务的发展；本书第五章内容为大数据下高校图书馆信息服务创新模式，主要从两个方面进行了介绍，依次为大数据下高校图书馆移动信息服务、大数据下高校图书馆个性化信息服务；本书第六章内容为大数据下高校图书馆信息服务的发展，主要从两个方面进行了介绍，依次为大数据下高校图书馆信息服务的创新措施、大数据下高校图书馆信息服务的未来发展。

在撰写本书的过程中，作者得到了许多专家学者的帮助和指导，参考了大量的学术文献，在此表示真诚的感谢。本书内容系统全面，论述条理清晰、深入浅出，但由于作者水平有限，书中难免会有疏漏之处，希望广大同行及时指正。

作者

2021年1月

目 录

第一章 大数据与图书馆信息服务 ... 1
 第一节 大数据理论概述 ... 1
 第二节 图书馆信息服务概述 ... 3
 第三节 大数据技术对图书馆信息服务的影响 ... 7

第二章 高校图书馆信息服务概述 ... 13
 第一节 高校图书馆信息管理 ... 13
 第二节 高校图书馆信息服务 ... 22
 第三节 高校图书馆健康信息服务 ... 26
 第四节 高校图书馆知识产权信息服务 ... 31

第三章 大数据下高校数字图书馆信息服务 ... 45
 第一节 数字图书馆 ... 45
 第二节 高校数字图书馆信息服务 ... 50
 第三节 大数据下高校数字图书馆信息服务的发展 ... 75

第四章 大数据下高校智慧图书馆信息服务 ... 79
 第一节 智慧图书馆 ... 79
 第二节 高校智慧图书馆信息服务 ... 98
 第三节 大数据下高校智慧图书馆信息服务体系 ... 115
 第四节 大数据下高校智慧图书馆信息服务的发展 ... 123

第五章　大数据下高校图书馆信息服务创新模式 …………………………… 129
　　第一节　大数据下高校图书馆移动信息服务 ……………………………… 129
　　第二节　大数据下高校图书馆个性化信息服务 …………………………… 146

第六章　大数据下高校图书馆信息服务的发展 …………………………… 159
　　第一节　大数据下高校图书馆信息服务的创新措施 ……………………… 159
　　第二节　大数据下高校图书馆信息服务的未来发展 ……………………… 165

参考文献 ……………………………………………………………………………… 169

第一章　大数据与图书馆信息服务

本章内容为大数据与图书馆信息服务，主要从三方面进行了介绍，依次为大数据理论概述、图书馆信息服务概述、大数据技术对图书馆信息服务的影响。

第一节　大数据理论概述

大数据时代的到来极大地提升了社会群体的信息质量，使得读者对过去信息的质量、速度、及时性和准确性有了更高的要求。对于我国高校图书馆来说，传统的借书还书服务模式已经不能满足大数据时代读者的需求。大数据是对数据的一种有效的挖掘和处理方式，通过新的数据处理手段，可以有效地完成传统技术无法完成的数据获取和加工工作，更好地满足时代发展的要求，同时可以挖掘更多有价值的数据元素。传统的信息系统与大数据处理具有一定的区别，大数据处理方式更具特色和优势，它能够完成传统信息系统无法完成的工作内容，同时可以确保数据处理的质量和效率以及准确度。

一、大数据的概念界定

大数据属于技术行业的一个专业名词，意为早期阶段的软件工具无法在特定的时间内捕获或管理的数据集。这是一种巨大的数量，信息的快速增长和多样化，需要一种新的方法来处理。

大数据使人们以前所未有的速度、以革命性的方式探索世界，导致社会经济、国防、军事事务、科学研究等领域发生了深刻变化。有学者提出要将科研分为4种宽泛定义，包含理论调查、实验推论、模拟以及数据密集型科学发现，这也是数据密集型知识发现（DKD）的形成背景。其所探究的核心即为大数据。众所周知，大数据不仅覆盖全面，且信息多样、具有价值、速度快，尤其关注事物与事物之间的关联性。大数据可以将其蕴含的价值转化为我们可以使用的知识，这对大数据时代下的图书馆生存与发展带来了前所未有的挑战。

二、大数据的特征

大数据不仅是指大量数据的集合，而且其数据存储的方法与处理技巧和传统数据之间也存在着较大的区别，大数据不仅具有较大的数据量，而且其数据处理速度非常快。对大数据的特征，可以从以下几个方面进行简述。

（一）信息丰富

大数据时代，计算机与互联网技术的快速发展，为人们更加方便的获取相应的数据信息提供了很大的便利和支持，同时也促进了数据信息的共享化发展。另一方面，网络环境下，用户对数据信息获取需求的不断增加，也会对大数据的存储和利用形成相应的作用和影响，使其数据信息量以及信息形式等呈现更加多样与快速的发展。

（二）数据处理多元化

数据处理多元化是用零散的数据处理方式对传统的结构化数据模型进行打破和优化，在数据处理过程中，可以确保大数据的来源可信度，为数据的深化分析工作提供重要的技术支持。

（三）数据结构日益复杂化

互联网环境下的数据获取方式较为多样并且烦琐，再加上计算机的信息处理能力不断变化，各网络平台建设的日益发展，促进了人们的信息需求日益提升以及信息数据类型的日益多元化发展，而不同数据信息的不同结构与存储方法等也导致数据信息结构的日益复杂化特征呈现。

（四）数据信息的价值密度低

数据信息的价值密度与数据量之间一般呈反比关系，即数据量越大，其数据的价值密度就越低。大数据时代，随着数据信息量的快速增长，导致其数据价值密度随之降低，因此，通过更加精密的计算进行数据信息的核心价值提取，是大数据时代数据信息处理的关键。

三、大数据技术

大数据技术的真正意义可以实现对数据的深化处理和进一步的信息挖掘，整个数据处理不局限于表面的数据分析和储存，可以有效地使数据得到价值体现。这些功能是传统数据处理系统无法实现的，在大数据时代技术背景下，利用分布式技术为大量的数据处理奠定了基础，同时利用大数据时代中的计算功能和储备资源功能可以有效地提升数据处理整体能力。

四、大数据应用分析

现阶段，我国大数据技术的应用十分广泛，在不同的行业领域都实现了普及和应用，很多大型的数据处理工作都运用了大数据技术，比如阿里巴巴、腾讯、百度等。很多企业都青睐大数据技术的强大信息处理功能，对提升企业数据管理工作的效率和质量具有重要影响，通过运用大数据可以实现对客户的深化分析与研究，并且为不同的客户制订个性化服务策略。大数据技术具有很高的市场潜在价值和应用价值，也是数据信息行业未来发展的必然趋势。

第二节 图书馆信息服务概述

一、图书馆信息服务相关概念

（一）图书馆的定义

图书馆是搜集、整理、收藏图书资料，以供人们阅读、参考的公共机构，是由馆舍、文献和人员共同构成的综合体。在图书馆中，人是活动的主体，图书馆中的各项活动都是以人为中心展开的。图书馆中的馆员是内部群体，读者是外部群体，两者之间在工作中的默契与配合，才能使得图书馆的工作正常开展，使图书馆的社会功能得以体现。具体来说，图书馆的定义可以从以下几个方面去考虑：第一，图书馆是一个信息交流与管理的系统；第二，图书馆是一个动态的系统，它的职能、机构、形态随着时代的变化而变化；第三，图书馆是一个公共性的科学、教育、文化、服务机构，是专门为公众服务的社会组织；第四，图书馆通过为所有的读者服务，从而达到为经济基础和上层建筑服务的目的；第五，图书馆的主要功能可以概括为管理信息和交流信息，并使其增值。

（二）信息服务的定义

信息服务是通过多种途径为用户提供信息的活动，是信息管理活动的出发点和落脚点。信息服务可以理解为以用户为中心，围绕用户开展的服务性活动。信息服务机构主要包括图书馆和"万方数据"、"中国科技情报网"等科技情报机构。信息服务包括了解用户信息需求、设计研发信息产品，传递满足用户需求的信息内容。在提供信息服务时，为了向用户提供有针对性的信息，需要研究用户的信息需求。信息载体不同，需要对信息进行收集整理，使之有序化，便于存储和利用。

（三）图书馆信息服务概念

图书馆信息服务是指图书馆根据用户的信息需求，在力所能及的范围内收集各种相关信息，并对信息内容进行整序、分析、综合处理后，以一定的技术手段和方式提供给用户，以满足用户信息需求的一种活动。

根据其发展历史，信息服务可分为传统信息服务和现代信息服务。传统的信息服务主要指以图书资料、报纸杂志、新闻广播、电视电影、音像视听等形式提供的服务。现代信息服务主要指通过网络从事的信息获取、存储、处理、传递及提供利用等服务工作。

二、图书馆信息服务的作用

图书馆信息服务的重要作用主要体现在两个方面：

（1）有利于实现信息的价值，促进科学研究效率和教学质量的提高。信息具有知识性、增值性和效用性等特点。通过有效地利用信息，使它渗透到科学研究和教学活动中，就能够产生巨大的社会效益和经济效益，促进社会生产力的提高，从而实现信息的使用价值。在信息化的浪潮中，由于科学技术的纵深发展，学科研究综合化，科学研究和技术开发的难度也越来越大。图书馆馆员对信息精选加工的层次越高，所提供的信息产品的价值也越大。图书馆馆员不但要掌握学科发展的新动态、新成果，还要随着学科的发展，深化学术研究，扩展研究范畴，努力开发信息源。通过对信息具体内容的深度加工和重新组织，变知识信息宝库为智力资源，提供高质量的知识性而不仅是内容性的信息服务。

（2）有利于实现信息的增值和共享。在实际工作中，通过信息的转换、复制和传递等环节，可以实现信息在空间上的广泛传递；通过信息的合理存储与管理，可以实现信息在时间上的长久传递。这样就使可供利用的信息在更广泛的时空范围内进行扩散和渗透，促使信息不断增值，从而达到信息共享的目的。在高校图书馆信息服务中为了达到高校信息的增值和共享的目的，必须以学生、教师、科研人员和管理人员的信息需求为导向，创造以开发、利用信息资源与不断完善信息服务工作能力为主的独特的业务程序，使网络环境下高校图书馆员真正成为网络利用、信息利用的"导航员"。只有具有了高水平的图书馆信息服务水平，才能创造出一流的大学。

三、图书馆服务的开展

长期以来，图书馆致力于服务建设，从封闭到开放，从读者服务工作发展到用户建设，从被动到主动开展服务，从单纯的借还服务发展到查询、阅读推广、专题服务、咨询、信息素养教育等多项内容。从图书馆服务的理论与实践看，图书馆服务可分为两大层面：基本服务和高级服务，两者缺一不可。基本服务解决服务的均等化和多元化问题，以实现图书馆的基本使命与职责。以个性化和知识服务为主导的高级服务，体现了图书馆服务的先进水平，是推动图书馆服务可持续发展的根本。不论何种类型的图书馆服务，都以一定的服务水平体现，服务能力和服务效能是体现图书馆服务水平的两大指标，是评估图书馆服务效率的关键，一定程度上可以反映图书馆资源配置能力、管理能力及其用户需求满足程度。由此，下面从服务的均等化与多元化、个性化服务与知识服务、服务能力与效能三个方面入手，以窥见当前图书馆的服务类型及服务水平。

（一）服务的均等化与多元化

图书馆服务的均等化是指无论年龄、种族、性别、宗教、国籍、语言、社会地位的差异，都应向所有人提供平等服务。由于经济水平、地理位置、个体差异，不同省市、城乡之间的不同读者获得的图书馆服务均有差异。为消除这些不公平，图书馆在逐步推动着均等化服务目标实现。从当前服务水平看，我国图书馆更注重于均等化水平的提升，缺乏相关支持多元化服务政策，缺乏对所在社区范围内服务对象的多元化特征分析，对特定人群的服务还有很大的提升空间，如图书馆普遍在少数民族文化资料方面存在重收藏而利用不足的问题，说明面向少数民族读者群体服务还有待进一步开展。

（二）个性化服务与知识服务

随着数字化技术及其用户至上服务理念的发展，个性化服务和知识服务已成为现代图书馆服务的重要标志，属于高级阶段的信息服务。个性化服务提供差别化服务，依据用户需求的差异而提供定制化服务。目前，图书馆提供的个性化服务包括信息推荐、预约续借、超期提醒、定题服务、数字参考咨询等，整体呈现出服务类型少、水平低，很大程度上缘于用户需求细化度不高、用户参与性不足所致。知识服务突破了以文献为核心提供服务，而以文献中知识内容提供为目标，从而满足用户的知识需求。个性化服务强调服务模式的针对性，知识服务强调服务内容的知识化。数字参考咨询、学科服务、专题服务是当前知识服务的主要类型。各图书馆推出了 FAQ、E-mail、表单、实时等多样化咨询手段，但咨询偏重于回答有没有、在哪有、如何找等检索层面的技术性问题，缺乏对知识性、专业性问题的解答。学科服务以高校图书馆为主，包括学科导航、学科门户、学科知识库、学科分析与评估、科技查新等。专题服务以公共图书馆为主，包括专题咨询、定题服务、专题空间等。而这些服务开展依赖于馆藏资源的加工深度及其馆员的专业化素养，整体知识服务水平相对不高。随着信息技术的发展，个性化服务与知识服务融合度越来越高，知识服务建立在明确每个读者知识需求的基础上而提供的个性化知识服务，个性化服务注重于根据用户偏好主动地提供其所需的各类知识或解决方案。

（三）服务能力与服务效能

服务能力是图书馆系统提供服务的能力程度，是图书馆服务过程中投入资金、馆藏资源、人员、时间、服务设施、管理等各种要素所构成的能力总和。服务效能指综合利用各种服务条件为用户提供符合需求、均等化、专业化服务的程度。服务能力是开展服务的基础，服务效能是用以衡量图书馆服务水平的重要指标。通常情况下，服务能力不仅包括各要素的投入能力，还包括组织管理要素的综合能力。服务能力的增加自然会推动服务效能的提升，但在有限资源的条件下，以服务效能提升为目标可以带动服务能力的倍增。

第三节 大数据技术对图书馆信息服务的影响

一、大数据与图书馆信息服务之间的联系

（一）图书馆信息服务管理水平在新时代背景下有新的要求

随着信息技术的发展与进步，传统的图书馆信息服务管理水平无法满足当代人们的需求，整体管理观念落后，管理水平低下，在一定程度上制约了图书馆管理工作的发展，这就要求在新时代背景下，对传统的数据处理方式进行转变和优化，不断提升管理工作的理念。产生图书馆现实管理问题的主要原因是随着科学技术的发展，各种新媒体技术和信息技术被广泛应用到不同的工作领域，信息技术改变了人们的生活方式。由于电子阅读工具和互联网技术的普及，人们不再受制于传统的阅读方式，很多信息和资料能够快速进入大众的视野，整个信息获取途径更加灵活多变，传统的阅读方式受到很多条件的制约和限制。在大数据背景下，传统图书馆的报纸和书刊信息传播手段逐渐被大众遗忘，这就导致整体图书馆信息服务管理水平低下，无法满足当今社会人们的阅读要求。随着信息传播技术产品的更新换代，导致信息服务类型发生变化，传统的图书服务依赖于信息和关键词的搜索，用户可以根据关键词进行资料的查找和获取，这种数据和信息获取方式准确率相对较低，通常会与人们的信息需求产生偏差，整体信息服务类型缺乏便携性和精准度。新时代背景下，要求图书馆信息管理服务不断地提高信息的获取准确性和便携性，满足不同客户的个性化信息需求，要对不同的客户进行深度的信息挖掘，通过大数据技术对用户个人需求数据进行获取，有效实现了大数据技术和图书馆信息服务两者的结合。

（二）图书馆信息服务应用大数据技术的必要性

图书馆的信息管理工作中由于应用电子化和网络化技术手段，会产生大量的零碎数据信息。传统的信息处理手段具有一定的局限性，无法对这些大量的零碎信息进行有效的储存和管理，造成了大量的数据资源浪费和丢失，不利于提高数据信息的利用率。随着信息技术的发展，人们对图书馆的服务理念和服务模式提出了更高的要求，图书馆在信息处理与管理工作中需要满足不同客户的个性化服务需求，在图书馆服务工作领域，需要从不同的工作层面进行服务质量的提升，包括资料搜索以及对图书类型和图书内容的选择上，都需要进一步的优化和完善

服务模式。这就要求图书馆管理工作需要打破传统的服务理念和思维，应用先进的信息技术手段，不断地提高数据的分析能力和储存能力，深度挖掘用户的服务需求倾向，目的是为读者和用户提供更加精准的图书馆信息服务。

二、图书馆中大数据技术的具体应用

（一）管理方面

1. 优化图书馆管理模式

大数据背景下，高校图书馆管理和服务依然离不开管理人员。为了进一步加深大数据技术的应用深度和广度，要注重对高校图书馆的整体管理模式进行优化和创新，如要促进管理人员管理服务观念的优化和创新，全面掌握数据化图书馆的应用意义，强化知识性咨询模式的应用和推广，提供更加专业化和个性化的专业知识服务；优化文献检索、借阅、咨询服务功能，强化信息化服务效果；要注重提升图书管理人员的信息素养和数据处理能力，能够综合应用信息处理技术和设备，为大数据技术在高校图书馆管理和服务中得到有效应用。此外，还要注重强化信息团队建设，保障图书馆电子资源的新颖性和针对性，强化读者的服务体验。

2. 优化图书馆资料管理

利用大数据技术可以有效建立电子图书馆，把纸质资料转化为数字化、电子化材料，填充数据库，并根据信息资料的不同类型进行分类归档、录入，综合利用大数据技术对相关数据进行优化整合，利用信息技术自动生成索引，方便读者更加直观地进行信息查询并查阅相关文献信息，促进资源信息的即时共享。促进整体图书馆管理和服务的大数据化，为信息知识传播与应用提供多种多样的途径，强化信息处理效率，实现资料信息的即时共享，对相关信息资源的潜在功能进行深度开发，提升其利用价值。而且在这一过程中，还可以利用大数据技术的数据整合作用，对无效数据实施有效识别，把无效数据进行删除处理，强化数据化图书馆的功能作用。

此外，还可以充分利用大数据技术的数据情报收集技术，对图书文献的应用信息进行收集、整理、分析、定位等功能操作，对读者的具体信息使用类型、使用方法等进行综合性判断，然后结合数据分析结果，了解读者的业务需求，从而对大数据应用方案的优化和改善、图书馆管理与服务的发展方向等进行合理预测与判断，进行更加精准化和高效化的信息管理。例如可以结合具体读者的过往数据使用分析结果，想起推荐借阅书籍排行榜等。但是在具体使用过程中，要对数据采集以及数据隐私方面的平衡关系，不能损害读者的隐私权，防止发生各种类型的纠纷等。

3. 构建图书馆智能管理系统

在大数据技术基础上，构建完善的智能管理系统，可以有效提升图书馆管理与服务水平，能够促进资料搜索、查找、管理一体化。此外，还可以利用云计算技术，对读者的资料应用类型、方式等信息进行收集、整理、分析、判断，从而结合分析结果，全面掌握读者的信息需求，为图书馆管理方案的优化指引对应的方向，强化其管理功能水平。还可以建立图书借阅信息管理系统，对归还日期进行智能化和自动化的预先提醒，避免读者忘记归还时间。在该系统中，还可以对所有读者的借阅状态进行登记和记录，设置黑名单，对于违规读者限制其借阅次数等。还可以利用大数据技术对智能管理系统的运行状态进行监测，一旦发现资源异常情况，及时发出警报，便于采取合理的预防措施，保障智能系统的稳定性运行。

（二）服务方面

1. 使图书馆服务精准化

大数据时代还为我们带来了云计算技术，随着云社交、云分享、云存储等功能的日益强大，图书馆进行精准化服务已是大势所趋，用户可以在海量数据中获得更加精准的信息，图书馆也可以更精准地搜集每个用户的信息，使大数据技术的价值得到充分的体现。图书馆精准服务这一理念由美国国家会议中心图书馆最先提出，它强调在图书馆日常工作的开展中要以用户的需求为中心。随着社会经济的发展，每个人的需求越来越多样化和个性化，这就对新时代图书馆的服务建设提出了更高层次的要求，尤其是读者打破阅读行为时间与空间限制的意愿越来越强烈，使得图书馆必须提供更加专业性、智能化、特殊化的服务才能保持图书馆的健康发展。

2. 强化了图书馆个性化服务

随着社会时代的发展，高校建设规模越来越大，高校图书馆建设规模以及藏书数量、种类等也日渐增多，对图书馆管理、资料查阅和应用带来了极大的困难，读者在查找自身所学的文献资料时需要耗费大量的时间才能在书海中找到，极大程度上降低了读者对图书馆资料数据信息的应用体验。应用大数据技术，可以充分发挥其数据挖掘技术的优势，进行数据分析和整理，从而结合具体情况，向读者提供针对性和个性化的信息服务。读者只要在计算机、手机等相关设备中打开智能管理服务系统，并在搜索框中输入自己想要查找的资料关键词，大数据智能系统和数据分析功能就可以快速、精准地进行数据查找，并在显示屏上直观化地展现搜索结果，极大程度上提升了图书馆信息服务效率和质量，强化读者的服务体验，对于进一步提升高校图书馆的管理服务水平很有帮助。

3. 完善图书馆服务引擎系统

随着时代的逐渐发展，网络信息技术、大数据技术、云计算技术等得到迅猛发展，计算机硬件等应用日渐成熟，为图书馆信息共享提供了平台和机遇。由此可见实现高校图书馆资源信息的即时共享是大势所趋。因此，要紧随时代发展步伐，对原有的服务引擎进行更新换代，构建更加新型、完善的知识服务引擎系统，提升图书馆资料信息的可视化水平，满足当下人们对图书馆管理与服务的高标准和高要求。在大数据技术支撑下，服务引擎系统主要有资源服务推荐引擎、学术资源搜索引擎、新型知识服务引擎等。利用大数据技术的数据采集整理和分析功能，对相关信息实施全面识别、判断和筛选，从而全面了解具体客户的具体需求、信息应用倾向等，从而构建针对性、个性化的服务引擎，向读者及时推荐其所需的数据信息。

4. 为知识咨询服务带来了新的机遇

信息技术的飞速发展和大量智能化终端产品的广泛运用，使各种数据的产生、传播、分享、收集都变得越来越便捷和丰富，各种半结构化和非结构化数据呈现出爆发式增长。图书馆承载着对各种知识信息进行存储、分类、传播、开发利用的重任，大数据时代的图书馆更是拥有着不同以往的信息存储量和处理量，许多图书馆早已敏锐地发现了社会信息化发展趋势和市场需求的转变，纷纷由原来的劳动密集型、资源密集型服务模式转向知识服务、信息服务模式。达沃斯论坛曾发表过一份报告，报告中形象地将数据称作新时代的"黄金"，由此可以看出大数据时代信息资源拥有着巨大的价值，图书馆数据库中存在着海量的信息资源，这些无序的数据通过大数据的分析整理就可赋予其丰富的价值，这些资源或用于科学研究或用于社会调查、还可用于商业用途。

三、大数据技术在图书馆应用中面临的挑战

（一）信息需求多维度特征

信息时代，大数据技术的应用功能主要体现为数据的实时分析和深度预测。

虽然大数据分析功能的发挥基础是图书馆的馆藏、运营和服务，但是一定程度上增加了其数据分析的深度和维度。因此给传统的图书馆管理模式带来了极大的挑战，需要进一步促进其管理模式的优化与创新，才能适应现代化多维度的信息需求，并结合社会时代发展趋势，开展全方位的分析和整理，形成完善的管理系统，为全面挖掘大数据技术的潜在功能优势奠定坚实的基础。

（二）存储和计算能力不足

信息在社会发展、管理、服务方面发挥了关键性的作用，一旦信息方面出现问题，就会导致大数据技术应用的整体效果变差。因此，在大数据背景下，图书馆管理人员要强化精细化管理，保障对相关数据信息的全面、系统化存储，避免大数据信息分析出现偏差等问题。大数据技术应用的重要物质基础就是计算机设备，其实际运算能力直接关系到大数据技术在图书馆管理和服务中的应用效果。因此，要注重对计算机运算功能进行及时优化更新，确保其运算能力符合时代发展需求。

（三）传统的网络构建较为落后

随着社会经济的逐渐发展，高校图书馆的文献资料馆藏量越来越多，对存储和计算能力要求更高，以往高校图书馆的设备、配套资源等管理和服务需求严重不匹配，因此，需要强化对基础设备设施的重新配置，提升综合管理能力，加大存储量。此外，还要注重对图书馆自身的资料管理方面进行优化和改善。以往垂直网络构建较为落后，功能不足，需要对网络模式进行优化创新，加大对网络资源共享功能的深度挖掘，为读者提供更加全面高效的资源服务。

四、大数据技术对图书馆的影响

近年来，随着数字媒介的深入发展，再加上大数据的广泛运用，使得人们的生产以及生活变得更为方便，与此同时，使得人们的阅读方式发生了改变，逐步朝着数字化的方向推进。基于大数据的普遍运用，大数据改变了人们的工作和学习方式，在大数据的收集与分析过程中能够挖掘与提取有价值的信息，这也使得大量的组织以及个人被大数据所影响。

服务理念的转变。对于图书馆资源而言，在资源管理以及分配当中，大数据是怎样发挥作用的，怎样利用大数据来查找有价值的信息，以增强图书馆的服务能力，这是现阶段有关人员应该研究的课题。通过应用大数据，可以对其阅读服务理念进行创新，这也是目前图书馆值得重视的问题。就图书馆来说，其职能通常是给予人们相应的阅读服务，特别是在倡导全民阅读的时代，原有的阅读服务也逐步演变成全新的服务形式。基于传统的阅读服务工作，图书馆往往只提供借阅服务，而随着全民阅读活动的兴起，图书馆也逐渐改变了自身的服务理念，主要是从服务本身出发进行转变，从而为人们提供其他种类服务，如导读服务以及推送服务等。

资源存储方式的转变。现阶段，随着新型阅读媒介的发展，图书馆也开始扩大其服务范围。在提供传统服务的基础上，图书馆还为人们提供了多种多样的主题阅读活动，人们通过这些主题阅读活动可以收获知识、开阔视野，从而确立图书馆的主导地位，以此为前提增强图书馆的核心竞争力。大数据时代的快速发展使得数据的生成范围和方式都发生了很大的变化。在日常生产以及生活中，人们所开展的多种行为活动都会生成很多数据信息，数据的格式类型、组成结构等越来越复杂，这就需要图书馆对其加以归类，同时，需要做好存储工作，以便对数据信息进行有条理的保存。图书馆在进行存储和云计算时，在一定程度上会转变其管理模式以及资源建设模式等。

服务模式的转变。随着图书馆信息化程度的提高，图书馆构建了基于互联网查询的相关服务体系，并得到广泛运用。无论是单纯的信息服务，还是信息检索以及分析等高级服务，都可以被看作结合数据而开展的有关服务。随着大数据时代的深入发展，要求图书馆掌握结构化数据，同时，应根据相关数据来分析客户的需求，借助众多的非结构化数据来深入挖掘其潜在价值，以便对目前以及未来用户的需求进行分析。因为人们的需求会不断变化，所以图书馆提供的服务也应跟随人们需求的变化及时进行相应的调整，实现自我升级，从而为人们提供高质量的服务。对于图书馆而言，其有着很高的技术敏感度，因此，应加强对大数据的重视，以便更好地整合人力以及物力等资源，科学应用大数据技术，对其服务模式、发展模式等进行创新。

第二章 高校图书馆信息服务概述

本章内容为高校图书馆信息服务概述，主要从四个方面进行了介绍，依次为高校图书馆信息管理、高校图书馆信息服务、高校图书馆健康信息服务、高校图书馆知识产权信息服务。

第一节 高校图书馆信息管理

一、图书馆管理相关概念

（一）图书馆管理的定义

图书馆管理作为管理中的一种，是在遵循图书馆工作客观规律的基础上，通过计划、组织、领导、协调等手段，对馆藏资源、人力、物力、技术、设备资金等，进行合理配置和有效利用，以达成图书馆既定目标的活动。

（二）图书馆管理系统

针对图书馆的管理范围和业务特点，人们推出了可以系统监测国民经济发展的状况；利用过去的数据预测未来的发展趋势和发展状况；从企业发展的全局出发，对企业的发展进行辅助管理；利用信息控制企业的发展行为，从源头上对企业进行宏观调控；帮助企业实现其规划的目标。在管理的过程中，图书馆综合运用了多种学科知识，如统计学、计算机学、系统学、运筹学等，这些知识的运用使得图书馆管理系统更加科学。通俗地讲，图书馆管理系统包含三大管理要素：系统的观点、计算机的应用以及数学的方法。它的结构主要由四个部分所构成：信息源、信息处理器、信息用户、信息管理者。

（三）图书馆管理制度

图书馆管理制度是图书馆在建馆之初就应该制定下来的，并且需要全馆人员严格遵守的规章制度。图书馆的管理制度包含很多方面如图书馆的借阅制度、图书馆按期归还制度、图书馆音像资料使用制度、图书馆遗失赔偿制度等，这些制度的制定保证了图书馆可以有序地运行下去。

（四）图书管理员

简单地说，图书馆管理员其实就是对图书进行管理的人员，主要负责图书馆的部分选书工作、辅助图书的采购；对书刊进行分类，并需要将用户阅读后的图书复归原位；对图书馆进行管理，包括核对查阅者的身份、维护图书馆的馆内秩序；需要在一定程度上解答用户的疑难问题，或者帮助用户借助图书馆的检索工具对问题进行检索，最终获得问题的答案。

（五）图书馆管理对象

按照系统论的观点，人们会发现世界上的一切事物都可以被视作系统，宇宙、人类社会等，由于给定的参照物不同，而分属于不同的系统。所以，人们可以看出在一个系统内会存有多个子系统，当每个子系统都能达到最优解的时候，整个系统才能处于最优的状态。总的来说，现代图书馆的管理对象就是图书馆系统，而现代图书馆系统是由建筑、人员、文献资料、设备和技术等组成，所以现代图书馆的管理对象间接上就是对这些要素的管理。现代图书馆的管理目的就是根据图书馆的既定目标，对这些要素进行合理的组织设计，并选择最优的组合方法，使之成为一个真正优化的整体，并在最大程度上提高图书馆的系统功能。图书馆管理系统是一个开放的、多元的系统，它可以与外界进行物质、信息的交换，可以源源不断地将已经吸收的知识传送给用户，使用户获得最大的收获。概括地说，人类增长的知识与才干是图书馆系统输入的结果；对外提供的文献信息以及服务是图书馆系统对外输出的结果，正是因为图书馆系统具有开放性的功能，才使得它可以为社会所用。

二、高校图书馆管理

（一）高校图书馆的作用

图书馆在高校教育工作中具有重要作用，其主要体现在以下方面：其一，教育职能。主要职能为高校图书馆基本知识职能，因为图书馆是学生专业知识更新的重要场所。图书馆是知识储藏的宝库，有许多文献资料，信息内容价值高。高校图书馆要迎合高校科研和教学需要，系统收集、保存和整理资料资源，为师生提供必需的文献资料，辅助科研和教学活动的开展。其二，知识更新。随着科技时代的序幕拉开，知识更新速度显著提升，终身教育逐渐发展为现代教育主要特征。学生可充分利用自己的闲余时间，从图书馆获取各种前沿信息资料，吸收不同专业信息，进而把握学科发展趋向，和课堂所学知识相融合，以更好地自主探索新型专业知识。其三，提升综合素养。高等教育中，培养学生学习方法和学习能力是十分重要的，特别是学生的独立学习能力，已是当代大学生的基本素质。合理利用图书馆资源，能辅助学生文献资料的学习，锻炼文献信息处理能力，从而形成知识独立获取习惯，更好地提升综合素养。

（二）高校图书馆人本管理

1. 概述

所谓人本管理从字面解析就是"以人为本"之意，在企业人力资源管理中，以尊重员工为前提的人本管理理念更为深入。而图书馆的人本管理则意指两层：第一层以读者为根本，为其尽力创造良好的阅读、学习及休闲的人文环境，实现多元化、创新化、人性化的读者服务；第二以管理人员为本，重视探究图书馆管理人员的行为和需求意识，从个人情感、能力培养、工作安排等方面营造人性化的工作环境，优化管理人员的专业素养。只有"以人为中心"，将图书馆的管理者与被管理者都管理好了，高校图书馆才能全面发挥出其功能优势性，实现海量知识的传播和扩散，推动图书馆真正高水平的成长发展。因此，高校图书馆要在管理创新之中顺应经济文化需求，积极主动践行人本管理思想，凸显人的重要性，强化人的管理、提升人的作用，从而更全面性做好图书馆管理工作。

2. 作用

（1）提升了图书馆的管理与服务

据了解可知，传统图书馆管理模式中对图书馆的功能定位并不全面，多数高校片面性认为图书馆就是图书资源收藏、书籍登记借阅的场所，在日常图书馆管理工作中过分强调等级分工，一线的图书管理人员仅会遵照上级安排完成日常例行工作，工作中完全没有积极主动意识。尽管在图书馆的进一步发展进程中，图书馆管理逐步走向常规合理化，然而站在人本管理理念上对比还相距甚远。只有将人本管理思想渗透到图书馆日常管理的各个方面，才能为高校图书馆管理创新开拓新的指导思想，提升图书馆的服务意识，实现图书馆的持久发展。

（2）是高校图书馆创新发展的需求

当前社会经济发展迅速，各行各业竞争激烈，高校图书馆如不实现创新管理，为读者提供更为全面、人性、规范、智能化的服务，最终可能会逐渐弱化其功能而隐没在时代的浪潮里。因此，站在高校图书馆长久发展的角度分析，图书馆只有不断丰富其阅读资源、提升其服务品质、扩大其功能作用、发挥其育人优势，合理规划图书馆相关的管理工作，才能为广大读者提供更为高效便捷的读者服务，受到大众的一致认可，这也是高校图书馆办馆为之不懈努力的宗旨。在此理念驱使之下，只有不断创新图书馆的管理工作、引入正确的指导思想、强化其竞争能力，才能实现高校图书馆未来更好发展的愿景。

（3）促进了人本思想在高校图书馆的应用

一是伴随我国教育体制的改革发展，当前素质教育理念的推行越来越重要，这就在潜移默化中促使人本管理思想在高校办学发展中获得应用价值，从而也为高校图书馆管理引入人本管理思想开辟了有利条件；二是高校本身作为文化建设的重要载体，其人员结构的组成无论是校领导、教师还是学生，均拥有较高的文化修养和素质，他们的思想意识和觉悟更高，对新思想的引入具有高度适应性，可有力推动新思想的发展应用；三是尽管我国的教育在模式及手段上有待提升，然而民族传统思想中总渗透着人本思想意识和观念，这些有利条件都为高校图书馆应用人本管理思想提供了合理铺垫。

（三）高校图书馆管理问题

1. 硬件设施陈旧

当前高校图书馆的基础硬件设施无法为读者提供优质的信息服务，大部分高校图书馆的设计和规划都更重视图书的收藏、借阅、归还和整理等工作，图书馆的很大一部分面积都被用于摆放书架和存放书籍，还有一部分空间被用于图书的选择和归还，在整个图书馆中，读者的阅读空间只占很小的比例，阅读空间的面积、功能、环境氛围、软硬件设施等方面都不能很好地满足读者信息服务的要求。

2. 管理人员素养低

当前高校图书馆的大部分管理人员并不具备很强的服务能力，不利于高校图书馆读者信息服务工作的开展。读者的阅读方式随着信息化技术的发展而不断调整和改变，图书馆馆员自身的能力水平无法适应读者阅读方式的变化，图书馆管理人员的素养较低成了图书馆进一步发展的阻碍。

3.读者服务缺失

高校图书馆的馆员缺少一定的宣传推广意识，读者服务的形式缺乏多样性，读者服务的内容缺少创新，馆员技术能力较低和信息技术应用较少使读者得不到信息化和个性化的服务，不利于高校图书馆信息服务管理工作的开展。

4.信息化建设不足

当前高校图书馆信息化建设还不够完善，图书馆或图书室涉及书籍和文献方面的建设，从横向上看，图书馆的建设需要保证书籍文献资料包含各个院校专业领域的知识；在纵向上看，图书馆的建设应当使书籍文献资源涵盖通识性知识、基础知识和专业知识。从这个方面和角度来看，高校图书馆的建设和院系专业下设的图书室缺少一定的沟通和合作，两者在高校中都是独立存在的，图书文献资源的信息化建设和共建共享程度还不高。

（四）高校图书馆管理工作创新的必要性

高校图书馆的管理创新具有其重要意义，主要体现在以下方面：第一，高校图书馆管理创新能奠定持续发展基础。传统图书馆服务是以纸质文献资料借阅为主，该类文献资料更新速度较慢，难以满足图书馆服务全面发展所需和读者日益增长的需求，所以改革创新成为图书馆发展的必然途径。新兴科技的应用，能拓展图书馆服务内容、服务空间，使其能跟上时代发展步伐，与时俱进。第二，高校图书馆管理工作创新是为了满足科研、教学所需。传统教育和科研受到知识更迭的冲击，其不单单要求学生具备足够文化知识，还需要其具备综合创新意识、能力。高校图书馆在人才培养创新上，能发挥信息传递、储存的作用，以满足国家培养高素质人才需求倡导。新兴科技支持的图书馆管理创新，能为教育科研提供更全面的服务，满足工作信息资源收集所需。

三、高校图书馆管理信息化

（一）概念

图书馆管理信息化，顾名思义，是指将先进的信息化技术融入图书馆管理中，相对于传统的管理方法，这种管理方法更加方便快捷，有效提高图书馆管理质量，减少图书馆管理人员的工作压力，节省工作时间。

（二）特征

图书馆管理信息化是随着信息化发展而出现的新型管理模式，随着科技的日益发展，其也越来越完善。便捷性是图书馆管理信息化的一大特点，馆藏信息及借阅情况等都能在信息平台上一目了然，极大地提高了图书馆管理效率。安全性是图书馆管理信息化的另一特点。图书馆往往有各种珍贵的馆藏资料以及大量的科研参考文献，利用信息化技术可以将资料有效储存，并便于查找，完整地保护馆藏资源。图书馆要充分认识到管理信息化的重要性，改革传统落后的管理模式，提高管理效率。

（三）作用

传统的图书馆管理要消耗很多人力以及物力，而且管理效率低下，但是将信息化技术应用于图书馆管理中，可以明显改善原来图书馆空间有限、读者人数多易发生拥挤的情况。在实践中，结合图书馆的具体情况，合理运用信息化管理方法，可以在系统中全面记录读者的实际借阅情况及每日馆内人流量，帮助工作人员更好地完成自身工作，而且便于管理。在图书馆管理系统中读者可以利用自助系统来查阅图书借阅情况，进而决定自己的借阅时间。

（四）必要性分析

1. 适应当前社会环境的需要

图书馆有丰富的馆藏资源，主要是为读者提供读书的便利，满足读者的文献信息需求。人们进入到图书馆可以享受精神食粮，让自己的精神文化生活更加充实。图书馆起到文化传播的作用，也发挥教育作用，作为"学校的第二课堂"，其已经成为人们提升自己知识水平、增加知识储备的主要场所。处于信息环境中，图书馆要走上现代化发展道路，就要合理应用信息技术，在管理工作中发挥计算机技术和网络技术的作用，结合使用大数据挖掘技术、云计算技术和物联网技术，使得图书馆跟得上时代的部分，满足读者的个性化需求。特别是近年来各种高端技术涌现出来，图书馆信息化管理进程就要不断加快，服务水平也快速提升，推进图书馆全新发展。

2. 促进自身持续稳定发展的需要

通过对现代图书馆发展的实际情况进行分析，可以了解到，图书馆管理要走信息化道路，主要是满足自身发展的需求。现在是信息技术普及的时代，图书馆在应用信息技术的同时也存在一些问题，如果不采取有效措施解决，就会在如此激烈竞争的环境中被淘汰。图书馆要提高管理能力，在应用信息技术实施管理的同时，还要对管理结构不断优化，这已经成为当前图书馆需要重点考虑的问题，而且采取行之有效的措施解决。将信息技术与图书馆管理相融合，包括编目、借阅等等都发挥信息技术的作用，但是在应用中没有实现综合集成。图书馆要更好地应用信息技术，就需要对信息管理体系予以完善，对各种管理操作流程重新构建，强化信息化建设工作，推进图书馆事业更好更快地发展。

3.满足当前社会经济环境的需要

信息技术在应用领域中发挥重要的作用，已经成为当前社会经济发展的主流。中国的经济进入新常态发展阶段，经济结构得以优化并不断升级。图书馆要更好地发挥载体作用，为中国的两个文明建设做贡献，就要发挥其教育引导作用，帮助读者树立正确的人生观和价值观，对各种社会现象持有正确的态度。图书馆实施信息化管理，要能够跟得上时代的潮流，真正意义地实现现代化，合理应用信息技术，使得图书馆充满活力，优化管理，阅读环境被重新构建起来，增强对读者的吸引力，让更多的读者来图书馆阅读，提升自己，这对和谐社会的构建意义重大。

四、高校图书馆信息管理

（一）读者信息管理

1.读者信息概述

读者信息指的是表征读者特征的包括数字、符号在内的组合，高校图书馆在搭建读者信息资源库的基础上对收集到的读者信息进行整理分类，再传输给云计算平台相关的运营机构，经加工后提供给其他机构进行利用。关于读者信息，根据其是否与读者的人身、财产信息相关可以细分为敏感与琐碎的信息。敏感信息是与读者的隐私以及尊严等根本利益相关联的载体，从原则上来说不应该擅自处理；而琐碎信息则是与读者切身利益不相关的信息，常常处于作为读者隐私与尊严等根本人格利益的载体，原则上不能被擅自处理。不同的是，琐碎信息不涉及前述利益且往往处于公开状态，它不仅包括直接识别读者的信息，还涉及与其他信息结合后能够间接识别读者的匿名信息。根据相关规定，只有在为了满足读者本人、他者利益以及公共利益的基础上才能将读者信息用到读者之外的地方。

2.读者信息管理特征

（1）人性化

为读者提供更优质的信息服务是高校图书馆管理工作转型发展的关键，将读者作为图书馆管理工作的核心，体现出图书馆管理工作的人性化特征。

（2）个性化

高校图书馆读者信息管理工作和服务工作具有个性化的特点，图书馆的个性化服务能够为学生提供具有针对性的信息服务，满足读者对书籍文献资料的不同需求，增加读者在高校图书馆的体验。另外，图书馆的个性化服务可以利用大数据和人工智能等技术对读者进行划分，为读者提供更好的信息服务，让个性化的读者信息服务来提高高校图书馆的管理水平和服务质量。

（3）信息化

图书馆管理的信息化发展能够帮助读者更快速地检索信息，实现信息化管理和信息化服务，还能够利用信息化管理平台满足图书馆和读者的交互性需求。高校图书馆通过信息系统地建立和完善可以充分发挥信息化作用，为读者提供精准高效的咨询服务和信息服务。

3. 读者信息安全管理

在信息管理学视野中，高校图书馆读者个人信息安全的维护是评价信息处理效果的重要尺度，信息处理者需要不断优化内部信息安全管理措施。目前很多高校图书馆在构建读者信息库过程中已经应用各种信息安全技术来进一步完善馆内信息安全。但在实际管理过程中依然存在一定的困难，不管是处于信息安全管理的需求还是为了达到隐私保护的目的，图书馆在处理读者人格关怀与信息资源利用之间的核心价值矛盾时往往都要先权衡冲突价值的轻重，更多时候会优先维护读者的人格尊严，保护信息安全，而对信息的处理与利用进行严格限制。但是大数据时代，读者的信息需求趋于多样化，很难明确哪一种需求更重要。与此同时，图书馆应用的区块链等技术都是由图书馆内部各种子系统构成的，为了提升信息处理效率，往往需要在内部消除数字鸿沟，加强内部协作，而采取的信息管理技术应用范围也仅限于内部，很难满足实际需求。

（二）图书信息管理

1. 条形码技术在图书信息管理中的应用

所谓的条形码技术，主要指的将反射率相差很大且宽度不等的多个空白与黑条，按照一定的编码规则排列的平行图案，以此来对一组信息进行表达的一种图标、标识符号。

高校图书馆在利用条形码技术来管理图书资料时，每本图书都会有一个单独的条形码，该条形码如同每本书籍的身份证一样，其是一种比较有效的图书信息记录方式。同时条形码技术也是一种能够通过印制来帮助机器阅读的语言，其是快速采集图书信息的极其重要的技术或者方法。在高校的图书馆信息管理系统中重视条形码技术的应用,能够有效提升图书信息管理效率,还能够满足高校图书信息的高速化与海量化的要求。

与此同时,条形码技术是一种集识别、印刷、编码、数据采集、数据处理为一体的新兴技术与方法。从国际标准角度来分析,图书的条形码一般都是由 13 位数字组成的,其中前 3 位数字一般是 978,中间的 9 个数字一般是分成 3 组,这 3 组分别表示的是组成、出版社以及图书序号,主要表示的就是图书期刊文献等品类。同时,图书条形码的第 4 位至第 12 位与我国的标准书号的数字意义与表示价值一致。条形码的最后一个数字表示的是校验码,主要是对商品的真伪等进行校验与辨别。

高校图书馆在应用条形码技术时,和其他的图书检索途径相比更加自动化与智能化,是一种相对较为先进的自动识别技术,能够对图书信息进行快速、准确的检索与识别,并能够辅助计算机将图书信息扫码读入计算机,其与人工输入方式比较更加高效、便捷与可靠,能够促进高校图书管理系统更加智能化与信息化。高校图书馆中大量图书条形码经过电脑录入以后,能够实现反复利用,这样能够节省大量的人力、财力与物力,最大化地避免了传统图书管理模式的局限与不足,减少很多图书管理问题的发生,提升了图书资料与文献检索速度与加工处理水平,促进高校图书管理效率与服务水平的有效提升。

2.大数据在图书信息管理中的应用

(1)大数据技术的应用

图书馆将图书管理中心链接馆内所有图书,对图书实时监督管理,并实时获得具体的图书信息,图书所在位置的统计信息表自动生成。在统计信息表中所显示的内容包括图书所在位置的信息以及图书借阅的信息。通过发挥统计信息表的作用,图书馆就可以对图书的应用情况予以了解,确保图书不会丢失。图书信息量是非常大的,应用大数据技术使得数据采集能力提高,而且还可以分析信息和整理信息,实现智能化管理图书资源。图书馆中存储的图书信息量非常大,有多个种类,应用大数据技术使得信息资源数字化管理,基于网络传递信息,数据分析能力以及对数据信息的识别能力得以提升。

(2)云计算技术的应用

随着云计算的推进,图书馆的管理中引入云计算技术,使得图书馆信息管理进入到一个新的发展阶段。云计算技术的应用,各种信息资源可以实现共享,使得信息资源得以优化,避免出现重复建设的问题,图书馆服务效率有所提升。所以，图书馆就需要整合各种平台资源，发挥公共云的作用对信息资源进行查漏补缺，实现图书管理的"云"操作。图书馆通过应用云计算技术将大量的信息通过云端向读者提供，这样的服务更加专业，也更能够满足读者的需求，不需要受到时间和空间的限制就可以为读者服务。图书馆利用云计算对业务流程予以优化，软件和硬件的利用率提高，图书管理效率提高，图书馆的各项业务处理能力提高。

（三）科研数据管理

高校图书馆科研数据管理是以高校为主体，以科研数据为对象所开展的一系列管理活动。例如采集、组织、存储、分析、共享、再利用等。图书馆在采集、存储、组织、利用数据方面有着丰富的经验，在各种图书馆的类型中，高校图书馆覆盖了各学科的科研数据，这些科研数据有助于各学科老师之间建立亲密的联系。因此，以高校图书馆为主体，实现科研数据管理与共享已是大势所趋。

第一，实现科研数据的长期保存。高校是科研数据产生的重地，因为各学科特点的不同，数据格式、数据标准不一致往往会带来个人数据存储的丢失，高校图书馆根据各学科的不同采用标准化的数据存储格式，不仅便于数据的查找与利用，还可实现数据的长期存储，在提高了科研数据的曝光率的同时、避免了科研活动与资金的浪费。第二，推进学科服务的深度与广度，实现科研融合。每一学科体系不是单独存在的，许多学科之间存在着诸多的联系，对科研数据进行管理与共享，挖掘不同学科之间内部联系，深化学科服务，从而提升科研价值。第三，营造正派学术环境。在搭建科研数据管理平台的同时，管理和共享数据也起到了互相监督科研成果是否真实与可靠的作用，避免了学术造假，净化了科研环境，减少了科研弯路。

第二节 高校图书馆信息服务

一、大数据背景下高校图书馆的服务要求

随着大数据时代的到来，高校图书馆发生了一些变化，管理内容从原本的纯文字资源逐渐向图片、文字、视频等综合方面发展。如何在大数据时代保证高校图书馆管理工作的有效性，充分发挥图书馆在高校中的重要作用，成为值得思考的重要问题。为此，有必要结合大数据背景对高校图书馆服务要求进行具体分析。

（一）精准性

在大数据时代，搜集、整理适合师生学习的信息资源是提高图书馆管理工作有效性的关键。因此，高校图书馆工作人员要对数据信息进行精准化定位，并实现精准化推送，这是确保图书馆服务有效性的基础，也是管理工作中不可忽视的重点。

（二）时效性

在快节奏的社会中，保证信息的时效性是重要原则。因此，高校图书馆要根据师生个体学习与科研需求，结合数据挖掘技术，实时准确推送文献信息，帮助师生在纷繁的信息中快速获得所要的资料，提高师生使用图书馆的效率。

（三）对应性

信息数据与用户需求之间是一一对应关系，才能确保数据的匹配性，为高校师生提供精准化服务。为此，高校图书馆工作人员有必要结合师生的年龄特征、兴趣爱好、学历背景、读书偏好等数据进行分析并提供相应的服务，让不同需求的人都可以在图书馆找到适合自己的资料，实现个性化服务。

二、高校图书馆读者服务

（一）高校图书馆读者服务的转变

1. 服务对象更加多元化

这些年来，在信息化技术不断提升的背景下，电子文献资源也更加丰富。由于在移动终端上阅读更加方便，所以高校图书馆的到馆率和图书的借阅率也开始下降。而且，在传统的情况下，高校图书馆一般只是对校内人员开放。但是，在新时期，很多高校图书馆也逐渐向社会开放，很多社会成员也开始成为高校图书馆的服务对象。并且，由于高校图书馆的内部资源比较丰富，而且又具有很高的学术价值，所以也吸引到了很多的社会读者。这样一来，也就导致服务对象更加多元化。

2. 服务方式变得网络化

在新时期，很多先进的技术都得到了应用。而在教学领域中，这些现代化的技术也具有十分重要的价值。对于高校图书馆而言，读者服务工作也不再只是指传统的借阅工作，而是更加多样化。在信息技术、计算机技术等先进技术的运用之下，图书馆的服务方式开始从传统的单一模式逐渐转变成多样化的交互服务。这种服务模式，可以更加快速、全面地为读者提供他们需要的知识信息。而且，通过互联网，读者也可以随时随地了解到图书馆的馆藏资源，并且进行联机检索。在这种模式下，不仅可以拓展服务范围，而且还可以提高服务质量。

3. 服务内容丰富化。

在新时期背景下，单一化的纸质书籍馆藏结构，已经无法满足读者的实际需求了。在各种信息资源的冲击之下，图书馆的馆藏资源结构必须积极地进行调整，以便能够更好地满足新时期的读者需求。为此，高校图书馆不仅需要引进印刷版的书籍，还需要引进电子视听型资料等，以此来充实图书馆的馆藏资源。并且，在传统的图书馆工作中，通常都是将重心放在馆藏资源的建设方面，存在着比较明显的"重藏轻用"现象，没有重视对读者的主动性以及个性化服务。但是，在新时期，图书馆的读者服务观念也必须改变，需要借助信息化技术等先进技术去更好地满足读者的多样化需求。

（二）当前在读者服务方面存在的不足

1. 馆员服务态度需要改变

众所周知，"读者至上"不仅仅是高校图书馆的服务理念，而且也是服务宗旨，是需要在实际工作中得以体现的。但是，从高校图书馆实际运行情况来看，在某些高校的图书馆中，这一理念和宗旨却没有得以体现，沦为一句空洞的口号，只流于表面形式，并没有付出实际行动。很多时候，在面对读者的咨询或者是需求、请求时，某些馆员会觉得不耐烦，直接回复"不知道"或者是"自己找"，没有重视与读者的交谈，没有为读者考虑。长久下去，也会影响到读者的心情，影响到图书馆的形象。

2. 馆员的服务质量不高

从实际运行情况来看，在当前很多高校图书馆中，针对读者的服务工作，都设置了较为严格的规章制度。但是，在实际操作时，这些制度却没有得以有效的落实执行，仅仅只停留在纸上，缺乏可操作性。而且，部分高校图书馆的馆员在为读者开展服务工作时，并没有深入了解读者的需求，经常会根据自己的经验或者是理解去开展。若是长期下去，图书馆的读者服务质量也很难得到提高。因为，若是缺乏统一、规范的读者服务模式，是很难提高图书馆的形象的。

3. 缺乏专业化的人才

在某些高校中，对于图书馆馆员的配置，并没有那么重视。甚至还有某些高校认为，图书馆只是学生用来看书的地方，学生大都可以自己操作，因此，对于馆员的综合素质并没有设置多高的要求。基于此，这些高校在对图书馆配置馆员的时候，并没有挑选高素质且具有专业知识和技能的人才，甚至还有部分高校配置的图书馆馆员是兼职人员，其本身还有着自己的工作职责。因此，这样也就导致高校图书馆缺乏专业化的人才，在为读者提供服务时，仅仅只能停留在最基本的层面上，比方说借书、还书，无法满足读者多元化的阅读需求，也无法给他们提供多样化的服务。

三、高校图书馆舆情信息服务

（一）概念

图书馆舆情信息服务是指信息服务部门按照用户需求，通过对大量信息进行汇集、分类、筛选、整合、提炼等技术处理，形成反映社会舆情、网络舆论总体态势，并提出有效对策建议，为普通用户、专家领导、政府机构、智库管理者提供决策参考的信息产品的过程。大数据环境下，大量难以收集和处理的信息容易被挖掘出来，这使得舆情信息服务的广度和效率焕发出新的生命力。

（二）主要方式

1. 开展舆情情报服务

参考咨询服务是图书馆服务的重要组成部分。随着时代的发展，参考咨询服务的外延不断扩大，服务内涵不断深化。参考咨询服务可以延伸为舆情情报服务。图书馆组织专门的舆情情报人员根据特定的主题，为高校师生提供这个专题最新最全的舆情服务。专题舆情情报服务分为情报汇编、科技查新、情报比较评估等几种形式。高校师生获得的舆情信息并非完整舆情，而是经过加工、编辑过的舆情定制推送，这样的舆情服务可以每天推送到高校师生面前。

2. 关注实时网络舆情

舆情监测渠道一般包括微博、微信、新闻、论坛、抖音、博客、贴吧、WIKI、SNS等，通过对新媒体环境下网络舆情进行24小时不间断持续监控并且根据监控的目标，综合运用建模、分析技术组织信息，对当前网络舆情做出综合、客观、科学的评价分析，并预测网络舆情的发展趋势，最终对舆情所处的状态及时做出等级预报。对于一些重大的、紧急的突发事件，建立专事专报制度，如遇重大突发事件，实时监测上报，从而对网民舆论焦点、矛盾点进行及时了解，以便政府有针对性地进行应对。例如，中国医学科学院、中国协和医科大学医学信息研究所图书馆成立卫生政策与管理研究中心，在医改政策发布后，通过舆情监测手段，构建起舆情监控板块，根据抓取信息研判舆情，推出了"医改舆情监测"系统，进行舆情的梳理和分析，为国家卫生部门决策提供了很好的依据。

3. 建立专题舆情数据库

图书馆可以利用已有的数字资源和专业的情报人员，整合已有资源，再加上对网络舆情的实时监测，建立专题舆情数据库。通过多层次、多领域，对各地区主要媒体和网站的信息和舆论进行监测，加强信息的搜集和研判，将及时搜集到的社情民意不断更新补充到舆情数据库中，为政府和相关部门的行政决策提供依据。例如，广州大学图书馆从2002年开始承办，为广州市政府及有关部门提供广州新闻信息服务。定期编印《每周广州新闻要目》《广州重要新闻要目》、《广州舆情分析》，不定期编印《"广州市对外新闻发布会"专题汇编》等专题资料汇编，最终形成建立了"媒体眼中的广州"全文数据库管理系统，做成了一个既为广州市政府部门提供舆情信息又有广州地方特色的信息产品。

第三节 高校图书馆健康信息服务

党的十九大报告提出将健康中国战略提高到优先发展的地位，健康中国建设由此进入新的发展阶段。健康中国战略强调把人民健康放在优先发展的战略地位，实施过程既需要以政府为主导，也需要全社会广泛参与。图书馆作为我国公益性服务主体，在其中承担着极其重要的角色，当面对突发公共卫生事件，及时、准确、全面地向公众传播与疫情相关的科学知识和提供可靠的信息资源是其职责所在。目前在对于高校学生的体质健康以及心理健康等方面已经有专门的信息服务机制，但在学生就医以及日常防护等方面还缺少专门的健康信息服务途径，高校学生在面对疾病时仍可能无法做出正确的健康决策，诸如"魏则西事件"这样的不幸事故时有发生。另外在面对某些微信公众号、网站等发布的虚假广告及谣言信息时，师生用户也意识到拥有一定的健康素养知识、能够筛取正确的健康信息非常重要。在此背景下，高校图书馆应如何立足师生用户和全生命周期两个着力点，提供"公平可及"和"系统连续"的健康信息服务这一新命题应运而生。

一、图书馆健康信息服务

（一）健康信息概述

健康信息即有关居民生理、心理和健康能力培养的信息，由医学研究转化而来，包括诊断与治疗、预防、护理信息和信息服务评价等。健康信息服务以计算机网络技术、通信技术和大众传媒等手段为基础，通过处理、整合、开发、扩散和应用健康信息资源满足个人、群体及机构健康信息服务需求。当前健康信息媒介呈现多样化趋势，用户通过新媒体等线上媒介以及广播和电视健康频道、健康类视频光盘、健康类图书报纸、健康教育课程等线下媒介获取健康信息。目前我国在线医疗市场规模日益扩大，形成一批有影响力的在线健康平台，如寻医问药、好大夫在线等，为用户提供各类健康信息咨询服务。然而在线平台信息服务质量参差不齐，其海量健康信息缺乏筛选，无法充分满足用户对优质健康信息服务的需求。在线健康信息服务平台应用是一种互联网搜索行为，需要设备、搜索技巧和信息甄别能力支撑，不适用于没有经过专业训练的人群。

（二）图书馆健康信息服务相关研究

1. 国外相关研究

国外图书馆在健康信息服务方面的研究与实践探索的开始时间要比我国早很多，随着多年的发展，至今已取得了丰富的研究与实践成果。国外公共图书馆在日常工作的诸多方面融入了健康信息服务，如公众健康素养培训、灾害救援、特殊疾病防治等。通过培训、协作和服务拓展等实现了社区卫生信息的有效传递。美国公共图书馆在早期的健康信息服务中就考虑到了各种群体，编制儿童营养与健康的相关书籍来普及儿童健康的相关知识，编制符合青少年阅读的性知识书籍，为母亲提供更多书籍来讲授婴儿护理方面的知识。公共图书馆可以帮助使用者快速便捷地获取到更高质量的信息资源，让用户在使用过程中提升信息素养。国外公共图书馆认为实现图书馆社会使命的关键在于与其他实体机构合作，与其他健康机构建立联盟合作关系来形成健康信息资源网，共享相关的信息资源与设备，弥补公共图书馆健康资源的缺乏以及馆员健康素质的不足，让社区公众通过公共图书馆来了解和获取健康信息，提升社区群众的健康信息素养。

2. 国内研究

我国学术界对图书馆健康信息服务这一问题已展开了一系列的研究，目前，相关研究主要集中在：图书馆开展健康服务的必要性与合理性；高校图书馆开展健康信息服务应采取何种工作策略，如宣传健康知识、利用互联网技术、提升馆员素养等；有健康需求的用户对图书馆健康服务的满意度调查；影响图书馆健康服务的因素及提升图书馆健康服务的对策，等等。已有的研究多从理论层面对我国图书馆开展健康信息服务的必要性与可能性、图书馆健康服务开展状况等展开了系统论述，然而从信息化推动健康服务发展的角度出发，为公众提供权威的、科学的健康知识的相关研究却较少。

二、高校图书馆开展健康信息服务的必要性

（一）助推健康中国战略的需要

近年来伴随着国际社会健康政策的导向开始转向以健康为中心，"社会健康化，健康社会化"的时代已悄然而至。在未来健康中国战略实施的关键期中，高校图书馆作为我国高等教育阶段学生获取信息的重要来源，在其中也承担着极其重要的角色，有责任承担起建设"健康中国"的任务，推动"健康中国"发展。特别是在疫情防控期间，面对师生迫切的健康信息素养提升需求，图书馆需要进一步完善自身健康信息服务体系，精准匹配用户需求，进而提升其健康信息素养。

（二）满足师生群体的健康需求

正如2020年初新型冠状病毒肺炎疫情蔓延时，普通公众迫切需要获取权威可靠可信的防控知识以及疫情发展动态。高校图书馆作为高等教育阶段为师生群体用户提供信息服务和开展社会教育的教育辅助设施，有责任教育师生群体学习公共卫生常识甚至专业知识，满足其获取权威疫情信息的迫切需求。

（三）与时俱进中谋求发展的需要

在图书馆学五定律中，强调图书馆是一个生长着的有机体。特别是伴随着人工智能、5G、大数据等新兴技术融入图书馆发展规划中，面对信息社会的变迁，高校图书馆需要在与时俱进中谋求发展。健康中国战略的实施开启了高校图书馆服务的新领域，只有在大健康时代加速实现服务转型变革，找到新的业务增长点，才能满足师生的实际信息需求以及健康信息素养教育的需要。

三、高校图书馆健康信息服务的特点

（一）科学性

健康的标准不仅仅是无疾病的身体状态，越来越多的师生都开始关注健康，开始尝试主动去获取健康信息，但是很多人获取信息的渠道单一，仅从百度、微信推文和短视频平台中获取碎片化的信息资源，这些信息没有得到严格地把控，缺乏一定的科学性，信息的流通也缺乏严格的审核。对于健康信息的需求者来说，将会用所获取的信息进行疾病防控和医疗决策，对健康信息资源的科学性要求较高，高校图书馆所提供的健康信息是根据图书馆的各项数据库、丰富的馆藏资源整理而形成的，也是让高校师生都可以获得有效的健康信息情报，很大程度上可以保证信息的一致性和稳定性。

（二）可靠性

面对繁杂的信息资源，其可靠性尤为重要。高校图书馆可开展相关调研来了解用户对于健康信息的需求情况，再根据需求提供有针对性的信息资源服务，积极发挥信息枢纽的作用，确保健康信息传播与交互的渠道顺利且通畅，保证用户对于健康信息的需求得到满足。同时图书馆提供了专业的馆员，可以为用户处理不同情况的各种问题，对用户们进行针对性的服务大大强化了用户所获取的知识的可靠性。

四、图书馆健康信息服务模型

（一）健康信息管理模块

健康信息管理模块主要用于连接前端平台与后台档案数据库，通过访问数据库中用户的个人信息健康档案，对用户健康信息进行采集、检测、评估与干预，其基本流程为首先通过采集用户的基本信息、健康动态、健康档案实现健康检测分类；其次通过分类标签识别，为不同类型用户制定个性化服务方案；最后将方案整合至信息服务平台，便于用户查找和数据共享。

（二）健康知识咨询模块

健康知识咨询模块旨在基于用户健康档案以及在电子病历的基础上为公众提供具有针对性的健康信息服务。用户可以通过社交媒体将自身健康信息需求、自身健康情况上传至平台，平台对数据进行清洗处理后传输给权威医疗健康服务机构，由服务机构在对用户的情况进行充分了解后，得出针对不同用户的实际健康服务方案，对用户进行"一对一"或"面对面"的答疑，搭建多通道、多方式的实时交流互动机制。

（三）健康资源导航门户模块

健康资源导航门户采用基于本体的知识建模方法，旨在实现健康信息资源云汇聚、信息资源分类浏览、分面浏览及分主题浏览等功能，通过选取多方面且权威的健康信息来源，对健康领域的相应名词，例如，对疾病、药物、症状等进行标签识别，进而构建出一个公众健康知识关联网络，为整个健康数据生命周期的全流程管理、资源的智能分类与推荐提供一个整合了权威的、科学的健康知识内容的健康特色资源中心。

（四）健康知识服务定制模块

现阶段的健康信息推送服务多数通过微信、邮件、宣传单页等形式，并不能精准匹配用户的实际需求。智能服务推送模块旨在利用Bookmark工具、智能Agent技术等完成健康信息的自动推送服务，完善区域网络信息广播系统。在服务推送过程中为便于满足不同类型的用户群体对于健康信息服务的不同需求，采用"健康词汇宝塔"的形式从塔尖词往下延伸构建各分类词表疾病控制及健康教育词表体系。例如，汇总用户有困惑的问题进而集中反馈给相应专家，在此基础上形成具备解决方案的相应服务产品，由系统自动将其推送给不同客户。

（五）公众健康素养教育模块

考虑到公众健康信息需求的综合性与系统性的特点，将公众健康教育模块分为个性化的健康教育与大众化、普适化的健康教育两种形式。目前已有的健康教育知识平台多数是与健康机构合作开发的，教育内容多以居民日常病症防治、健康行为与健康方式等常规知识为主。图书馆可以从个性化、专业化的角度为用户提供符合用户实际需求的健康教育服务，运用人工智能与增量抓取等技术动态追踪用户的兴趣，分析其学习偏好、学习兴趣，主动推送健康学习课程、学习方案等。同时，为微信、QQ、微博等提供外部接入端口，为用户定期推送健康信息普及知识等。

第四节　高校图书馆知识产权信息服务

自 2008 年知识产权战略上升为国家战略以来，"知识产权信息"在国家出台的各项政策法规中频繁出现。从《国家知识产权战略纲要》战略措施提出的"培育和发展市场化知识产权信息服务，满足不同层次知识产权信息需求"[①]开始，多部委陆续发布了多个专项政策，明确要求高校图书馆作为知识产权信息公共服务体系的一部分，为大学知识产权的创造、运用、保护和管理提供全流程的服务，支撑大学协同创新和优势学科建设，提高大学科技成果质量，促进大学科技成果转化。这些政策法规对大学图书馆开展知识产权信息服务提出了具体要求，同时也为高校图书馆开展知识产权信息服务提供了政策依据。

一、高校图书馆知识产权服务

（一）概述

近年我国知识产权事业面临高质量发展的新形势新任务，高校图书馆在 2016 年国家知识产权局发布的《高等学校知识产权管理规范》中被明确定义为知识产权服务支撑机构；2017 年国务院印发《国家教育事业发展"十三五"规划》，提出"支持高校图书馆建设知识产权信息服务中心，为促进高校创新提供服务"[②]；2020 年《关于提升高等学校专利质量促进转化运用的若干意见》要求全面提升高校专利信息服务能力，这对高校图书馆的知识产权信息服务提出了更高的要求。系列政策导向为高校图书馆知识产权信息服务发展带来新机遇，亦为"十四五"开局的高校图书馆创新服务转型带来新契机，为此，我国高校图书馆纷纷踏足知识产权信息服务之途，呈蓬勃发展之势。

国外高校图书馆的知识产权信息服务发展已久，如美国源于 1871 年的 PTRCs（patent and trademark resource centers）项目，旨在传播专利和商标信息，并支持公众的各种知识产权需求，是集合公共、州立和大学图书馆的全国性网络，且目前已约有一半的会员是大学图书馆。欧洲的 PATLIB（Patent Libraries）早已发展成熟，高校图书馆作为其重要的服务机构，

由提供基础的公共阅览服务、搜索服务，已深入到发明潜力评估、知识产权商业化、专利诊断、知识产权战略发展等专业化服务。在具体的研究中，国外也

---

① 国务院.国家知识产权战略纲要.国发〔2008〕18 号.
② 国务院.国家教育事业发展"十三五"规划.2017.

已将IP（Intellectual Property）知识作为高校图情报学中信息素养的一部分进行研究，且强调当下图书馆的专利信息服务是用户需求度最高的服务类别之一，不仅可以辅助科学研究，更可透过图书馆的专利服务，制定专利研究战略。

我国高校图书馆的知识产权服务发展相较于国外明显起步晚，尚处于探索阶段。国内早期研究多从可行性角度出发，阐释高校图书馆开展知识产权信息服务的优势与面临挑战。近年则呈多元化发展势态，如侧重用户需求角度或服务群体视角，机构协同共建，服务评估指标体系构建，支撑区域创新的服务模式实践等多维度的研究。

（二）必要性分析

知识产权信息服务是汇聚信息收集整理、分析加工、传递利用、深度挖掘的专业化的文献情报服务。高校图书馆开展此项服务契合国家知识产权战略背景下的要求，图书馆服务转型升级、内容创新、跨界融合及合作共赢的主旋律，成为助推图书馆知识产权信息服务变革的重要力量。高校科技创新的发展以及知识产权工作评价标准的调整变化，用户对服务需要的迫切性、纵横维度不断增强，开启了研究探索的新征程，引发了学者及业界的多维关注与思考。知识产权信息服务成为当下研究的热点与趋势，其必要性主要体现在以下3个方面。

1. 高校综合能力提升的需要

近年来，随着国家政策支持和高校自身对知识产权工作的重视和推动，知识产权工作成效显著。以专利为例，我国高校专利申请、授权及转化成绩显著，专利产出数量整体达到甚至超过了欧美高校的水平。在数量快速增长的同时，我国高校在知识产权保护和管理方面也暴露出一定的问题，诸如重要性研究领域的专利申请数量少、专利申请质量下降、专利转移转化率偏低、大量成果处于未转移或未实施的状态、知识产权流失现象突出、专利申请的战略性规划和布局欠缺等。由此可见，高校图书馆作为专业化的知识服务中心，创新专利服务既能助力高校科技创新与专利成果转化，又契合图书馆深化服务内容，拓展服务领域的自身发展需要，更好地开展知识产权信息服务。

2. 图书馆服务转型发展的需要

在高等教育竞争的大背景下，图书馆优质的文献资源保障体系和高质量的信息服务是创建一流大学的突破口。数字化时代来临以及高校"双一流"建设的开展，图书馆传统的学科服务模式、服务内容受到了挑战与冲击，不断变化的学术信息交流环境、科研生态环境使得图书馆所面临的不仅是其本身的范式演变，而且更有来自用户需求个性化、信息获取方式多元化的升级。个人服务融入整体服务，使隐形服务提升至显性服务，从物理空间转化到信息空间，服务内容、服务形式发生了巨大变化，促使高校图书馆不断调整服务视角，深度分析用户信息需求与自身服务之间的匹配差异，及时调整服务策略以满足用户的个性化需求，努力探索跨界融合的智慧化信息服务，助推高校图书馆知识产权工作的持续健康发展。

3. 拉动国家知识产权战略的需要

在"大众创业、万众创新"的时代特征下，知识产权的保护关系国家高质量发展，关系知识产权强国建设及国家安全。2008年6月，《国家知识产权战略纲要》首次将知识产权上升为国家层面；2011年、2015年、2016年国家又相继颁布《国家知识产权事业发展"十二五"规划》《关于新形势下加快知识产权强国建设的若干意见》《国家创新驱动发展战略纲要》，意味着我国知识产权保护体系建设日臻完善。尊重知识、崇尚创新、诚信守法的知识产权文化理念深入人心。2019年7月，中央召开的会议中，审议通过了《关于强化知识产权保护的意见》（以下简称《意见》）。同年11月，中央及国务院办公厅印发此《意见》，要求各地区各部门强化落实。高校图书馆应紧紧围绕创新发展战略规划，营造和构建尊重知识产权学术氛围与环境，完善知识产权信息服务体系，提供多维度、立体化、深层次的专利布局、成果评议等服务，为知识产权强国建设提供全方位的支撑和多层级保障。

二、高校图书馆知识产权信息服务

（一）高校图书馆知识产权信息服务研究

高校图书馆知识产权信息服务研究主要分为3个阶段。

第一阶段（1995—2002年）。此阶段为萌芽期，研究焦点主要在专业素养教育范畴。部分高校图书馆意识到其紧迫性，为了弥补大学生信息素养知识结构的缺乏，认为应承担起对大学生实施知识产权教育的重任，迫切需要开设知识产权课程，增强大学生知识产权法制意识以适应信息社会发展的需求。这一阶段知识产权信息服务的研究主要是基于概念的提出及简单的理论探索。

第二阶段（2003—2012年）。该阶段的研究主要集中在知识产权服务开展的初探。随着高校图书馆业务的不断完善和科研部门及院系服务需求的增加，部分高校图书馆在传统服务的基础上，尝试涉猎知识产权信息服务领域，延伸服务范围，扩充数据资源，发挥图书馆自身职能，满足不同专业领域的信息服务需求。总体而言，服务的层次和深度还较低，主要服务对象也局限于校内，对信息资源的加工处理还停留在表面，对知识创新的挖掘及专业化服务尚没有充分体现。

第三阶段（2013年至今）。2013年以后，高校图书馆的知识产权信息服务逐渐发展成为国家战略环境下的联盟服务模式。2015年7月，《高等学校知识产权管理规范（征求意见稿）》出台，对高校知识产权管理、服务机构设置和职责等方面进行了规范和明确，并已在华南等地试点。随着我国知识产权战略的深入推进，部分高校图书馆开始该领域的研究和实践，从前期知识产权信息素养教育的技能培训、单一过程的信息服务工作开展，拓展到利用图书馆天然的情报知识源提供创造、管理和运营全过程的知识产权服务体系，建立联盟模式下的知识产权服务团队。

（二）高校图书馆知识产权信息服务体现

1.高校图书馆专利信息服务

（1）专利与专利信息

专利（patent），是指专有的权利和利益。即表示对某种东西所专有的权利或者利益。中华人民共和国专利法强调，发明专利、实用新型专利和设计专利的发明授予，应当具备新颖性、创造性和实用性。专利信息泛指从事一切专利活动所产生的相关信息的总和，主要包括专利文献、有关专利的法律和法规、专利审批程序中的文件、专利管理、服务、实施、合同等信息。专利信息是综合性的信息源，集技术、法律、经济信息于一体。

（2）专利信息服务

专利信息服务是基于信息服务理念基础上的专利信息服务，是一种基于用户需求的专利信息服务。专利信息服务的内涵表明，它的主体是围绕专利信息服务的各种机构与人群，包括信息服务者、专利工作者和信息技术人员等；它的技术基础是以数字化和网络化为标志的现代信息技术；它的核心是专利信息资源的开发和利用；它的动力是服务效益的提高；它的实现途径是专利信息资源的集成、专利信息服务功能的集成、专利信息服务机构与人员的集成以及相关信息技术的集成；它的目标是通过集成分布式、异构化数字专利信息资源与服务功能，构造统一的专利信息服务环境，使用户通过一个集成服务机制"一站式"地获取专利信息服务产品。

(3)高校专利信息服务

关于高校专利服务研究最早是在二十世纪初期,高校专利服务应最大限度的基于读者用户需求,充分发挥高校人力物力财力资源,满足读者和用户的个性化需求,从需求出发,为其提供相应的专利服务,最大限度的得到其认可和满意。目前,将技术工具融入高校专利服务,丰富了高校专利信息服务功能。

(4)高校图书馆专利信息服务

高校图书馆专利信息服务是图书馆自身服务创新和转型发展的需要,更是国家创新驱动发展战略的需要。经过多年的发展,基于国家有关部门的政策推动和学校的逐渐重视,大学图书馆开展专利信息服务的外部环境越来越好,条件越来越成熟,各馆纷纷面向政府、企业及高校开展了专利检索、专利信息培训、专利专题数据建设库、专利分析等服务内容,提升了高校学生知识产权信息素养,为用户决策提供了情报支撑,已有多家高校被批准为"高校国家知识产权信息服务中心"。随着我国经济发展由高速增长阶段转向高质量发展阶段,科技创新和学科发展对专利导航、知识产权分析评议等深度服务的要求越来越高,但高校图书馆知识产权信息服务的实际供给还存在一定的差距。究其原因,大学图书馆馆员专利信息服务能力不足是制约高校专利信息服务水平和服务成效的主要障碍。

2.图书馆作者版权信息服务

(1)图书馆作者版权信息服务的概念

图书馆作者版权信息服务的概念为:图书馆为作者提供关于版权法应用的教育和指导,为作者合理使用他人作品以及有效管理和保护自己作品提供帮助,旨在促进科研、学习和学术交流。需要说明的是,图书馆开展的面向作者用户的版权信息服务仅仅是出于信息的目的,为作者避免侵犯他人版权,保护和管理个人版权,避免版权纠纷提供帮助,不提供法律咨询和建议。

(2)图书馆版权信息服务与出版服务的关系

图书馆版权信息服务与图书馆出版服务既有交叉又有不同。图书馆出版服务是指图书馆参与和支持出版活动的服务,具体服务内容既包括以出版者的角色直接进行学术期刊、图书、学位论文等作品的出版,也包括图书馆依托自身馆藏,人力等资源进行的一系列附加服务,如为研究人员提供资源搜集、整理、出版、保存、传播的技术平台和软硬件支持,为用户利用开放存取数字资源提供便捷途径,以及作者版权咨询、培训、ISSN注册、标识符分配等,旨在促进学术资源的管理、交流和传播。图书馆出版服务中所提供的作者版权咨询、版权培训是为了满足作者在出版过程中的版权需求。版权信息服务的内容涵盖教学和科研活动全过程中的所提供的一系列版权支持服务，服务范围涵盖出版服务的所提供的作者版权咨询和指导、版权培训等服务。作者版权信息服务是在图书馆版权信息服务的基础上着重根据作者在科研活动过程中遇到的版权问题提供相应的服务，是以作者在科研活动过程中的版权需求为导向驱动，贯穿科研活动全过程，所提供的一系列版权支持服务，主要提供学术道德和学术规范培训服务，面向科研活动全过程的版权指导和咨询服务、论文查重服务等服务内容。

3. 高校知识产权信息服务中心

2016 年 12 月，《高等学校知识产权管理规范》（GB/T33251—2016）明确了高校知识产权管理及重大科研项目全流程管理中专利信息服务的重要性，并要求高校设置知识产权服务支撑机构来完善高校的知识产权服务，尤其是专利信息服务方面亟待加强。2017 年 12 月 25 日，国家知识产权局办公室和教育部办公厅联合印发《高校知识产权信息服务中心建设实施办法》，规定高校知识产权信息服务中心一般应设置在高校图书馆。

自 2017 年《高校知识产权信息服务中心建设实施办法》颁布以后，各地高校尤其是已经开展了专利信息服务的高校，根据自身条件积极申请高校知识产权信息服务中心，国家知识产权局和教育部根据申报高校知识产权服务中心的条件，经过严格筛选，先后批准并公布两批高校知识产权信息服务中心名单，其中大致包括综合类、理工类、农林类、医药类等多所高等院校。

高校知识产权信息服务中心一般挂靠在图书馆，其主要工作内容是在教育部科技查新站基础业务上增加专利检索查新、专利预警等专利相关业务，或是从查新站分离出来，单独成立部门。

（三）高校图书馆知识产权信息服务现状

目前，通过对高校图书馆网站首页的调查分析发现，点击读者服务按钮，发现部分图书馆提供专利申请查询服务，并提供了与知识产权相关的网站及其链接，如中国知识产权信息网、中国专利信息网、中国专利网、中华人民共和国国家知识产权局的网页链接；也提供了数据库资源方面的内容，如万方专利数据库，智慧芽全球专利数据库等，其中数据库有正式和试用两类；部分高校图书馆在信息服务内容方面，图书馆网站首页上设置了与知识产权相关的按钮，如专利检索、专利查新、专利分析及预警、专利培训和专利咨询等等；高校图书馆在服务对象上，不仅包括本校师生、科研团队及管理人员，还面向校外企业提供服务；在服务方式上，主要是在线咨询、QQ、电话、邮件或现场咨询等。部分高校图书馆还向本校本科生、研究生提供专利方面的相关课程，为科研工作者提供定期培训、预约培训、嵌入专业课教学。

三、高校图书馆与专利代理机构知识产权服务合作

（一）共同培养人才

优秀的知识产权服务人才是我国创新驱动的高质量知识产权服务的关键，知识产权服务人才既需要深厚的法学及知识产权理论基础，又需要理论联系实际，具备高效应用的能力。大数据分析技术条件下对馆员信息服务要求极高，图书馆要想开展好知识产权信息服务必须成立专业部门。基于此，高校图书馆应与学科融合，与专利代理机构进行校企合作，共同培养理论与实践相结合的高水平人才，为图书馆和专业代理机构不断输送优秀人才，强化人才队伍建设，提升全国的高校图书馆和专业代理机构的知识产权信息服务的能力。

（二）共建共享规范

我国的创新战略和知识产权战略是为了适应新的全球化，高校图书馆与专利代理机构知识产权服务需要遵循国际规则、建设国际化的知识产权服务规范。由于高校图书馆成立知识产权信息服务中心时间不长，目前只有《高校知识产权信息服务中心建设实施办法》《科技查新规范》等规章制度，还没有形成知识产权服务规范。关于专利代理机构的代理服务规范，国家知识产权局等部门于2018年1月1日正式实施国家标准《专利代理机构服务规范》（标准号：GBT34833-2017），实现专利代理程序化，有利于提高专利申请质量，而且专利材料经审查员审查能验证专利代理的质量，但对专利分析、咨询等信息服务也没有规范。可见，无论是高校知识产权信息服务中心，还是专利代理机构，在服务规范上还有很多工作要做。为此，高校图书馆和专利代理机构可以进行共建共享、构建国际标准的知识产权服务的协议，规范我国的知识产权服务模式，这样高校图书馆和专利代理机构相互借鉴，形成适合自己的信息服务规范。

（三）项目协作互补

高校知识产权信息服务中心大部分服务项目是专利咨询、专利分析、专利检索、知识产权培训、知识产权素养教育等。专利代理机构服务对象是企业、高校或个人，目的是为了获取确权知识产权证书或者维持权利的稳定有效，知识产权

服务项目包括专利咨询、专利布局等信息服务，还包括专利、商标权、著作权等多种知识产权形式的代理服务。可见，高校知识产权信息服务中心侧重于信息服务，针对一些技术人员的知识产权培训、技术开发的初期、产品成型的前期、产品研发中是否涉及知识产权方面侵权等信息服务，而专利代理机构提供即将上市的产品知识产权保护，或者围绕开发的产品进行知识产权布局等服务，因此高校图书馆与专利代理机构知识产权服务针对的是整个产品生命周期中的知识产权保护，可以形成项目协作的互补模式，开展知识产权系统性服务。

（四）关联共享数据库

高校图书馆知识产权信息服务中心的知识产权资源配置比较丰富，数据库的水平较高。专利代理机构配备的数据库一般比较简单，基本都是应用型数据库，以盈利为目的，缺乏公共服务数据库资源的服务，所做的专利分析、专利挖掘报告深度往往不够，有时只是初步报告。研究人员创新需要知识产权的系统性服务，两种不同来源的数据库必须互补，需要发挥高校图书馆知识产权资源数据库与分析工具的资源优势，结合专利代理机构转化应用能力的优势，共同建立高校图书馆与专利代理机构资源协作的协议，努力构建数据库的关联共享模式，这样专利代理机构可以共享使用、充分利用高校图书馆的数据库，实现资源利用最大化。

四、高校图书馆知识产权信息服务存在的问题

（一）地区发展不平衡

从目前状况看，经济较为发达的区域如北京、上海、广东、江苏等，该项工作的开展明显优于其他地区，而在西北、东北等发展缓慢地区其服务还有待进一步深入。在知识产权信息服务中，高校图书馆之间尚存在各自为政、单打独斗的现象，协同互助的理念及思路欠缺。在共建共享的理念下，知识产权信息服务开展成熟完备的图书馆，有义务、有责任带动起步晚的中小型图书馆，从经验分享、技术支持到人员培训应发挥示范带动作用。高校图工委也应当积极发挥行业协会作用，筹建联盟组织，定期组织相关的学术交流、业务培训等，最终实现服务的全覆盖和服务能力的提升，从而增进高校图书馆联盟共同体的利益互惠。

（二）服务水平良莠不齐

目前我国高校图书馆知识产权信息服务良莠不齐，呈差距化发展趋势。表现

为走在前列的高校图书馆知识产权信息服务覆盖面广、服务专业化程度高，而有的高校图书馆则对比竞争力弱，应用知识产权信息服务推动科技创新的实践力度上还不够，尤以专利信息服务最为典型。如北京大学图书馆在帮助华为等国内知名企业进行专利信息服务的同时，青岛大学图书馆的知识产权信息服务还强调仅面向青岛大学校内科研团队或个人，无法发挥高校图书馆面向社会公共服务、助力区域科技发展的社会职能。

（三）校企合作有待提升

高校汇聚各学科门类的专家学者，是科技成果的产出地及科技创新的实验田。随着国家政策对企业扶持力度的不断加大，在深化产教融合的共识下，依照"引校进企"的办学思路，企业随之对知识产权信息服务需求也不断增加。企业期许在自身和产业技术竞争环境下，得到高校连续性和独特性支持，呈现技术的动态性需求，然而，高校成果创新链与企业需求产业链对接不畅制约双方的合作创新与发展。作为知识产权信息服务中心的图书馆，本应成为校企精准对接的联通桥梁，但是，高校图书馆长期传统被动的服务模式、僵化的思维视野及欠缺的服务能力，导致校企对接渠道不通畅，引发高校的人才、成果及图书馆有价值的资源信息与企业的实际需求无法实现无缝衔接，高校与企业技术创新需求的作用未能充分发挥，从而降低知识产权信息服务参与率、成功率。

（四）人才培养体系有待完善

1. 缺乏应用型素养教育

当下高校图书馆知识产权对外教育的课程体系不完善。在教育主题内容方面，出现频次最高的是专利检索，此外主要集中于专利申请、专利分析的理论与流程等基础内容。在教学内容方面，几类集中主题不断重复。目前高校图书馆知识产权素养教育主要停留在通识教育，内容简单、陈旧且偏于理论，缺乏以培养知识产权运用能力导向的实践案例教学。

2. 人才培养目标不明确

高校图书馆知识产权对内人才培养尚且无法使得服务职能与效果做到有的放矢。以专利代理师为例，目前仅有少数高校图书馆提供专利申请服务，大部分高校图书馆的专利代理师培养徒有虚表。知识产权信息服务型人才，是需要集法律、经济、理工学科等综合型素质于一体的复合型人才，现有高校图书馆的科技查新或单一图情领域队伍已满足不了多元化的服务需求，培养更多的知识产权信息服务领军人才、实务型人才是亟待解决的问题。

（五）碎片化短暂式服务占主流

目前，我国高校图书馆在该领域的服务仍处在不断完善发展阶段。已经开展知识产权信息服务的高校图书馆，大多还停留在简单的基础服务，只能为用户提供短暂间断的需求服务，结束即完成，很少能做到持续关注、系统跟进的前沿引领服务。同时，在服务内容上，发散性的服务思维亟待完善，缺乏针对性、个性化的服务方案；在服务方式上，还没有探索出如何精准对接用户的多样化需求。部分高校的知识产权信息服务中心未能充分发挥作用，形同虚设。

五、高校图书馆知识产权信息服务中心发展路径

（一）完善制度建设

高校图书馆应把握知识产权创新强国的发展趋势，促进知识产权信息服务的规范化、制度化，将知识产权信息服务重点制度建设纳入图书馆"十四五"创新改革重点规划项目。如将知识产权信息服务人才的培养制度作为高校图书馆"十四五"夯实人力资源基础的突破目标，变鼓励培育专利代理师为更符合图书馆现实意义的国家知识产权师。加强制度供给，修订完善制度建设，以更加体系化的管理办法、简化的服务流程、严格的保密制度等改进策略，点面结合构成既有广度又有深度的信息服务制度体系。重点制度建设纳入高校图书馆"十四五"规划要同时紧跟国家政策走向，充分发挥激励创新、服务创新的制度优势。

（二）提高知识产权意识

长期以来，高校职称评审以论文和科研项目为主，专利申请授权时间一般在1—2年，使高校老师及其学生会优先选择发表论文，致使其失去专利申请授权的优势，这也是高等院校专利数量偏少的原因之一。创新驱动发展战略背景下，高校图书馆想要通过建设知识产权信息服务中心开展专利信息服务，进而从整体上提升学校的创新性，就必须通过讲座、培训等方式提高学校各部门包括校领导、科研团队和学生的知识产权意识。

（三）加大人才培养力度

创新服务，人才先行。高校图书馆应构建专兼结合的专业化、职业化知识产权信息服务团队，加强现有知识产权服务人员的常态化、制度化培训，按照"基

础+重点""特色+创新"的培训思路,线上线下融合的培训方式,合理规划培训内容,由专利查新等初级阶段向高价值专利获取、知识产权评议等深层次服务领域转移,加大评议型人才、具有从业资格认证的专业型人才培养力度,在保证传统优势的同时,延续专业型技术人才培养。同时,为知识产权信息服务人员提供诸如参加知识产权相关学术会议、培训等学习交流机会,加快知识更新节奏,提升知识产权信息服务能力。另外,加强对知识产权后备人员的补充及储备,可从图书馆学科馆员队伍中或其他优秀馆员中吸纳新生力量,也可吸收学院中具有知识产权服务能力、奉献精神的师生参与,对他们进行系统的培训,为他们考取从业资格证书提供全方位支持,以确保知识产权队伍的持续性和稳定性,助力高校协同创新科技成果转化。

(四)加强网络平台推广

1. 建设微信推广平台

微信作为目前最为盛行的自媒体平台,以其用户基数大、信息传播速度快、使用便捷等优势,促使大量高校图书馆微信公众号或小程序上线,为灵动开展高校图书馆知识产权信息服务提供了便捷高效的条件与途径。另外,建设高校图书馆知识产权信息服务中心微信平台,可更好地增强固定用户群的黏性。可从如下方面考虑图书馆知识产权信息服务微信平台的利用与进一步功能开发:

(1)借助微信公众号开展知识产权新媒体教育培训、宣传推广等内容。

(2)开发微信小程序服务,如讲座预约、嵌套相关数据库检索等。

(3)开发公众服务号二级菜单内容上架,开展在线业务受理。

(4)开展虚拟咨询服务,通过自动回复功能使服务用户利用碎片化时间实时获取知识产权资讯,提高线下服务的工作效率。

2. 建设知识产权特色平台

以高校图书馆的资源优势,构建大数据中心、知识产权保护监测网络信息平台、公共服务平台等特色主干网络。特色平台建设可充分利用知识产权基础信息和资源平台的整合。

3. 加强高校图书馆的知识产权信息服务中心网站建设

加强高校图书馆的知识产权信息服务中心网站建设,不单要从建设数量上加大,更应强调网站服务建设的深度与广度,突出重点与亮点,及时更新维护带动访问量,推动图书馆知识产权信息服务线上线下的融合发展。

(五)建设大数据运营平台

基于大数据时代背景下高校图书馆知识产权运营已不仅仅是提供服务,而日益成为聚集知识产权供需方、资本、中介、政府等多主体,其影响力及号召力远远大于一所图书馆,可实现知识产权创造、保护、管理、运用的平台创新生态系统,同时用户的参与度也会随之提高。高校图书馆要做好知识产权信息服务要建立知识产权大数据云平台和知识产权供需方精准匹配体系,为知识产权供需双方提供精准匹配对接和双向互动,实现动态化专利技术自动评价分级,提供可视化分析及新视角的数据展现。

(六)合理购置专利信息资源

建设知识产权信息服务中心,开展专利信息服务,就必须合理购买专利信息资源,这是开展专利信息服务的前提。各高校图书馆应根据自身实际情况,结合学校各方面的需求,综合评估各种专利信息资源的优缺点,合理规划经费配置,购置性价比最合适的专利信息资源。

(七)强化知识产权基础服务

现阶段高校图书馆知识产权科研能力相较于校内知识产权专业的专家水平仍有待提升,项目服务经验与校外商业知识产权服务机构相比也尚且不足。但高校图书馆具备国家大力扶持的高校国家知识产权信息服务中心平台优势,另结合丰富的数据资源、高密度的科研环境,使其面向知识产权信息服务的需求用户群不断扩张。其次,高校图书馆的学科服务、信息素养教育等相关经验丰富且成熟,均为知识产权基础信息服务提供了很好参考借鉴。故高校图书馆应充分发挥与突出自身优势,扬长避短,重点强化知识产权基础服务,以此为根基逐步辐射,提升服务深度与广度。

1. 开设高校图书馆知识产权教育

知识产权教育尤为突出的特点是要求实务应用的属性。贴合高校图书馆的知识产权素养教育服务,更应强调以实务应用为导向,将知识产权知识体系与其创造、保护、管理、运营等现实所需相结合,提纲挈领地基于知识产权实务应用知识链,构建不同层次的教学内容。在细化教学大纲的基础上,分析不同教育受众的教育需求,为不同人群量身定做与其适配的实务知识。

以实务应用为导向的教育方案,亦需要匹配多场景适应的教育形式。可从以下三个方面考虑适用于高校图书馆的多场景知识产权教育模式:

（1）嵌入图书馆信息素养课程。信息素养教育发展成熟且经验丰富，为高校图书馆知识产权素养教育初步发展提供了良好的示范。

（2）将实操与案例教学进行融合的专题培训。专题培训注重实践性，着重锻炼个体所需具备的实践技能。

（3）科教融合的定制沙龙。将图书馆的知识产权科研服务项目与素养教育融合，通过定制沙龙的场景模式，解决科研创新中遇到的现实知识产权问题，建立知识产权信息服务专员与科研人员的教育沟通桥梁。

通过"实务应用＋多场景融合"的知识产权素养教育模式，意在实现集基础素质提升、实务应用导向、创新能力培养于一体的高校图书馆知识产权教育目标。

2. 加强宣传知识产权转移转化相关内容

高校知识产权成果转化率低，关键问题是与市场需求脱节，高校研发成果与市场创新要求沟通不畅。加强高校知识产权成果转化是国家对于高校科技创新体系、科技成果转化体系的重要要求。高校图书馆服务对象广，是连接校内外的重要窗口，亦是打通高校科技成果"走出去"，面向市场的强有力突破口。加强以知识产权转移转化为导向的基础对外宣传服务，利用高校图书馆的中枢优势，集多源信息融合，对内加强传播科技创新市场需求，对外宣传高校研发前沿、引导市场发展走向，形成内外对话的扩音器。从而以转移转化为目标，加强以高校图书馆知识产权信息服务为主体的宣传服务，促动知识产权科技创新的"订单式"发展，打通产学研合作通道，助力高校知识产权成果走向市场。

第三章 大数据下高校数字图书馆信息服务

本章内容为大数据下高校数字图书馆信息服务,主要从三个方面进行了介绍,依次为数字图书馆、高校数字图书馆信息服务、大数据下高校数字图书馆信息服务的发展。

第一节 数字图书馆

一、数字图书馆概述

数字图书馆主要是借助数字技术,对其拥有的所有文献进行处理和储存。数字图书馆与传统图书馆具有明显的差异,其优势和价值一定程度而言远超传统图书馆。数字图书馆不仅仅可以被看作一个数字化、电子化图书馆实体,也可以是一个虚拟化的图书馆。数字图书馆最具有价值的部分就是分布式信息系统。这一信息系统的主要功能就是把相关的信息资源借助数字技术进行有效整合,能够突破时间和空间的限制,通过网络技术的运用进行查询和传播。此外,数字图书馆通过一定的加工、整合、有序重组,保证所有的数字图书资源的完整性和永存性,能够随时随地地被社会群体获取和运用。数字图书馆具有独特的内涵和外延。基于此,数字图书馆的性质特征也存在一定的特殊性。其一,将各种突出载体以数字化形式呈现。其二,图书的数字化储存和管理。其三,具有访问和查询功能。其四,能够通过互联网进行有效的传递和使用。其五,需要具有一定的管理权限。

二、数字图书馆的发展现状

(一)共享信息版权方面

受到版权限制等因素的影响,数字图书馆的资源依然具有过于分散或者内容不全面等问题。数字资源的平台不同,使得版权和公开性等问题由此产生。读者在访问数字资源的时候就会存在跨平台、重复提交信息,甚至访问失败等问题,严重地影响到了数字图书馆的使用效率。

(二)专业技术服务方面

在 5G 环境下,图书馆要建立知识获取以及信息阅读网络,给读者提供优质的服务。但是大部分图书馆的专业技术人才以及管理人员严重不足,不能满足图书馆建设的需求,使得专业技术服务水平得不到有效提高,从而阻碍了数字图书馆的发展。

(三)信息资源馆藏方面

在图书馆建设的过程中,主要以纸质资源或者影音资料为载体,并且朝着数字资源的方向发展。但是在 5G 环境下,对交互性、开放性的资源需求不断增多,使得目前图书馆建设中不能满足交互视频的数量,同时缺少资金以及技术支持来维护馆藏资源,这都给图书馆的建设带来了不利的影响。

(四)数字图书馆存储方面

高校数字图书馆存储了大量电子文献,学位论文库、特色库、媒体库、自建库和购买的电子期刊备份、全文库等都在随着年份的增长而不断增加,数据是多样性的。高校图书馆的存储面临以下问题:需要保证数据安全和服务器 $7\times24h$ 可用;数据的传输性、实时性和兼容性较差;需要解决服务器系统之间交换数据文件,满足大块数据的输入输出、数据的共享性、跨平台的计算环境、足容灾容错集群管理、多级备份、在线备份与近线备份等问题;存储多数使用磁盘列,不能共享;主流硬件设备和存储类型不同,扩充不便。

三、图书馆数字资源建设

(一)数字资源的概念界定

在广义上,数字资源包括的范围十分广泛,形式也是极其多样化,是指一切以数字化方式存在的文件资料,且以互联网上的免费资源为主,因此,对于广义概念来说,其对于用户是十分友善的,可用率很高,使用也十分的便捷。在图书馆数字资源建设范围内,应该有电子资源或电子出版物关于字数的规定,而且也要有关于比较通行的观点或看法,其中这些电子资源或电子出版物都必须要有相关的规定和明确的边界,都要严格地按照标准发表。

（二）高校图书馆数字资源建设概况

数字资源是文献信息的表现形式之一，是指凡图书馆引进（含购买、租用和受赠）或自建（包括扫描、转换和录入）的，拥有磁、光介质或网络使用权的数字形态的文献资源。数字资源类型主要包括引进的商业数据库、自建和共建特色数据库、纸质资源数字化、免费的网络资源和开放获取资源。

数字资源建设最早始于20世纪60年代，以美国组建联机计算机图书馆中心为标志。到20世纪80年代，我国清华大学和北京大学处于数字资源建设发展的前沿，相继建设了"中国大学学报数据库"和"西文图书联合编目系统"。20世纪90年代我国图书馆联盟开始起步，2000年以后区域性图书馆联盟兴起，中国高等教育文献保障系统（CALIS）、中国高校人文社会科学文献中心（CASHL）和国家科技图书文献中心（NSTL）等全国层面的联盟，北京地区高校图书馆文献资源保障体系（BALIS）、天津高等教育文献信息中心（TALIS）和江苏省高等教育文献保障系统（JALIS）等区域图书馆联盟，均取得一定成效。自21世纪初，国内高等学校图书馆相继从网站建设、中外文数据库建设/引进、自建特色数据库、数字资源整合与保存和共建共享等方面开展数字资源建设，如2004年，首个数字资源保存研讨会"中欧数字资源长期保存国际研讨会"在中国科学院文献情报中心成功召开。至此，数字资源长期保存成为国内图书馆界、情报界的研究热点。

伴随大数据潮流方兴未艾，数字资源需求逐年递增，数字资源逐渐成为图书馆信息资源建设的主体。高等学校图书馆数字资源的采集形式、类型结构、组织方式和服务模式发生巨大改变，引进数据库资源增长迅速，数字资源经费占年度总经费的比重逐年增大。全国数字图书馆建设与服务联席会议成员馆和教育部高等学校图书情报工作指导委员会从国家层面就数字资源建设制定了相关政策和原则，如2010年5月在上海召开的第十次全国数字图书馆建设与服务联席会议上发布了《数字图书馆资源建设指南》，为高等学校图书馆数字资源建设提供了切实可行的指导性建议和全方位参考；2017年10月在长春举办的2017年数字资源建设与知识服务研讨会为数字资源建设中的实际问题提供了理论解答和借鉴。

（三）影响高校图书馆数字资源建设的因素

1. 国家政策、法律法规

一个国家的政策和相关的法律法规对于高校图书馆有着特别深刻的影响，在相对规范化、系统化并且稳定的社会大环境下，可以十分有效地促进高校图书馆健康正常的持续发展，这也有利于电子资源的保存和计算。与此同时，越来越丰富且涵盖范围越来越广的图书馆数字资源又可以进一步带动社会大环境的进步，推动社会的进步，也有利于在此过程中完善国家政策，修改相关的法律法规。

在社会大环境下高校图书馆数字资源共享是一项重要的工作，随着具有高速率、低时延等特点的新一代宽带移动通信技术——5G技术的应用与普及，资源共享变得简单容易操作，随着资源的共享，高校图书馆数字资源就很简单地丰富起来，并且涵盖范围越来越广，内容越来越多丰富，资料也越来越多。图书馆数字资源共享既促进了高校的发展，又让学生有书可读，有资料可查，提高了学生的文化水平，反过来又增加了学校知名度，提高了教学质量。

2. 高校自身发展战略

对于当代大学生而言，学校图书馆是学生查阅和获得资料的一个重要地方，也是对大学生来说最方便的一个途径之一。因此，高校图书馆建设的好坏，与高校学生有密不可分的关系。众所周知，图书馆建立的好，学生的学习会更加有动力，学习会更加的方便，另外，图书馆的建立也给大学生们提供了一个安静、舒适并且很好的学习场所，具有学习氛围。因此，建立一个好的图书馆，对于大学生会产生特别深远的影响。

各高校有关图书馆数字资源建设的观点可能不尽相同，侧重点也不一样，因此，这就导致了不同高校的图书馆数字资源建设的进度不同，取得的成就不同，在建设过程中也会发现不同的问题。进而说明了高校战略的重要性是不容小觑的。目前，高校图书馆数字资源建设主要有两种方式，是被大多数高校所采用的，这两种方式也各有优缺点。

一是通过购买已有资料库，获得相关数据。优点是人力资源和后期维护的成本代价比较低；缺点是经济投入大，并且大部分通过购买得到的数字资源是具有局限性的，与此同时，购买的数字资源也存在着针对性不强、没有地方特色等问题。二是自己建立属于自己的资料库，存入相关数据。优点是人力资源要求低，可以具有针对性，也有地方特色；缺点是自己建立资料库需特别严谨的设计，同时，还要有高素质的技术来保证。

目前来看，第二种方式对于绝大部分高校来说还是比较有难度的，能够实现非常困难，因此，大多数高校图书馆采取的是第一种方式进行管理建设，且在建设初期时也是有所成效的，而且也节约了人力、物力。

3. 统一标准，规范使用

标准是社会群体为了方便和彼此间进行高效的沟通和协作，而制订的大家需要共同遵守的一些规则，统一标准只是表象，本质是一种高效的协作工具，而且通常都是抽象的。统一标准是高校图书馆资源共享的重中之重，同时，也是关键的一步，标准化对于高校图书馆的建设来说更是一个需要克服和实现的难点。就目前的高校而言，这一现象的存在，影响最大的就是高校图书馆数据资源的共享问题。

统一标准，是一个增加条条框框的过程，与此同时会发现，虽然约束增多了，但处理事情时却变得轻松，变得简单了。而且统一了标准，实现了全世界高校图书馆电子资源共享，是一个十分有利于高校图书馆之间的互相借鉴和学习的方法。由此可见，统一标准给高校图书馆建设带来的好处是不可估量的，对高校图书馆建设来说十分重要。

经研究对比发现，为实现国内外的高校图书馆资源共享，实现各国语言资源在全世界范围内的共享，便于国内高校图书馆与国际接轨，应该统一标准，优先采用国际标准。这其中的好处是无可厚非的，一方面，有利于高校图书馆资源建设工作的正常持续开展，有利于资源更加方便的共享；另一方面，又可以优化高校数字资源的教育。

（四）高校图书馆数字资源融合与应用

1. 融合与应用的内容

有机融合海量数据是对数字资源的一种利用，图书馆需要打破时间和空间界限，对不同数字资源进行融合，使图书馆相关数据变得更加统一，在挖掘数据的过程中发挥数据的最大价值。从时间维度看，图书馆应按照先后顺序，不断融合过去、现在和未来的数据；从空间维度看，图书馆应针对不同地区和不同图书馆的实际情况，充分融合利用资源、业务、用户和行业数据。因此，图书馆数字资源的融合和应用需要综合考虑不同种类、来源和类型的数据。

2. 融合与应用的思路

依托大数据时代技术，图书馆在进行数字资源融合时应考虑以下几项内容：

（1）收集大数据

在收集数据的过程中，图书馆需要考虑时间和空间因素，保障收集到的数据是完整、科学、可靠的。为了保证数据收集的准确、及时、全面，图书馆需要不断完善基础设施，强化存储技术，扩大储存容量。

（2）组织加工大数据

图书馆收集到的大数据难免会有一些重复、多余的信息，这些低质量信息直接影响数据处理的效率。因此，图书馆需要增加工作人员筛选数据的流程，把有效信息汇入融合系统，由系统自动分类和转换这些数据，最终获得可靠的数据。

（3）分析应用大数据

图书馆需要应用大数据技术处理数字资源，有效解决无法满足用户现有需求的问题，重视挖掘用户的潜在需求，发掘数据背后隐藏的用户需求，推动图书馆各项业务的开展，为用户提供满意的大数据服务。

四、高校图书馆数字文献资源建设

大数据的出现与发展，不仅有利于强化高校图书馆建设中对用户数据的有效分析和处理应用，而且对高校图书馆数字文献资源的共建、共享发展也具有十分积极的作用和影响。首先，大数据在高校图书馆数字文献资源建设中对用户数据分析的强化作用和影响，主要表现为大数据技术的出现和应用，在为高校图书馆数字文献资源建设和发展提供良好的基础和机遇同时，从高校图书馆的建设和应用情况来看，图书馆的各种资料和文献在使用过程中也会产生一系列的数据和信息，而对这些数据与信息的挖掘和分析，则能够促进图书馆建设中针对性服务的完善和提升，从而为高校图书馆的综合建设和服务发展提供良好的支持。其次，大数据对高校图书馆数字文献资源建设的共建、共享支持作用主要表现为大数据在高校图书馆数字文献资源建设中的融入应用，主要依赖于数据的采集、传输以及接受、反馈等过程中，而该过程中用户数据资源的积极和开放性发布则具有十分重要的作用和影响，同时也会促使各种资源数据在发布过程中向着双向的互动性过程转变，从而为高校图书馆数字文献资源的共建、共享发展提供良好的支持。

第二节　高校数字图书馆信息服务

一、数字图书馆服务群体的特点

（一）数字图书馆服务群体的分类特点

信息横飞的时代，对大数据的需求逐渐增加，用户可以在极少的时间内消费更少的费用找到直接解决问题的办法，在此需求上就对数字图书馆知识服务体系有了要求，需要能够充分掌握用户的信息并快速给出解决办法的规律性服务，而对于信息需求量比较大的用户，所了解并掌握的信息资源随着时间的积累会越来越多，能力也越来越强，水平不断提升，从而对信息需求就会逐渐增多。

（二）数字图书馆信息资源整合的特点

当前我国大多数的数字图书馆的建设是结合实际情况对问题进行解答，其中包含网络的信息资源、文献信息资源和数据库的管理建设等进行分类整合。将数字图书馆信息进行整合，可以参考以前的用户信息，及时发现用户的需求以收集资料的方式在原有基础之上进行调整和转变，达到为用户提供所需要的信息和更高效快速的解决办法的目的，但现在来看，数字图书馆被大范围的应用于生活中，逐渐成为信息资源库，并在原有的基础上进行不断地拓展和创新，为以后的发展战略提供方向。

二、高校数字图书馆知识服务

（一）数字图书馆知识服务概述

1. 图书馆知识服务的概念

图书馆知识服务是指以图书情报学专业知识为基础，根据用户在知识获取、知识选择、知识吸收、知识利用与知识创新过程中的信息与知识需求，对相关信息、知识进行搜寻、组织、分析、重组、创新，为用户提供其所需知识的服务过程。互联网背景下，图书馆可以利用大数据技术收集并更新用户的情境信息，从而掌握用户兴趣并向其推送相应的信息资源。

2. 数字图书馆知识服务的优势

随着数字图书馆时代的到来，图书馆在知识收集、利用方面的优势更加凸显。例如，新用户登录数字图书馆时，需在系统的提示下完成注册并根据提示添加其喜爱的标签，收集这类数据可使图书馆直接获得用户的兴趣信息；非新用户登录数字图书馆时，系统会根据之前的记录向其推送具有个性化特点的知识资源。除直接获取用户个人信息外，图书馆还可间接获取用户的个性化信息，如：通过分析用户的借阅记录、检索历史等获取每位用户对知识的不同需求，进而针对性地进行知识推送。将这两种方式结合不仅可以使收集的情境信息更加全面，而且可以更精准地掌握用户的真实需求，彰显数字图书馆在知识服务方面的优势。该服务创新了资源推送方式，打破了以往只通过历史记录收集用户偏好的方式，使情境信息的利用呈现出高效性。数字图书馆的知识服务可以保证情境数据的准确性，即对用户短时间内的知识需求进行分析，结合历史情境形成一个极具综合性的全新情境数据，再对用户潜在的个性化需求进行有效挖掘，在此基础上扩大知识收集范围，提高服务的时效性。

（二）数字图书馆大数据知识服务

1. 含义

大数据知识服务在网络上为用户提供所需要的知识服务板块，随时获取可以被接受的服务活动。换句话说，大数据知识服务就是提供信息、知识和可移动的服务方式。大数据知识服务在数字图书馆提供服务的基础上，还可以利用相关的云计算和大数据相结合的方法，从而解决传统式数字图书馆为人们提供信息时所产生的知识贫乏等问题。现在数字图书馆大数据知识服务体系所提出的协同设计方法面对着一个实际的问题，在进行分析大数据的模式的同时如何快速了解用户所需要的知识，从而在此基础上，对知识库的创建工作完成查询并对计算工作进行深入分析，全面完善服务模式。

2. 结构框架

（1）总体结构框架结构

对于数字图书馆来讲，大数据知识服务体系相应的协同设计要想有效快速地达到理想效果，需要达到对应的要求或条件。首先，对图书馆中的内部结构资源提供充分的支持，为了用户能够更好地进行访问并使用，对于一些比较罕见的资源中文本、音频、视频等协同设计的过程中需要运用到较多的信息资源，如场地的挑选、人力等一些物料资源，而对物理资源就是要求对服务器、存储器设备的提升。其次，数字图书馆是由运营者、提供者和用户三者建立起来的，对更好地完成协同设计管理工作提供了极大的支持。

（2）具体的结构框架

数字图书馆大数据知识服务体系协同设计的过程是非常复杂并难以理解的，可以找到一个方面进行描述与解析，在此体系中对不同层面的特征和存在的联系进行理解和剖析是非常困难的，需要从信息管理、协同管理等多方面对体系结构框架进行分析。

①信息管理

数字图书馆大数据知识服务体系具有信息规模型较大、结构复杂以及内容种类多等特点，涉及种类繁多，将个人信息、安全信息、知识服务信息、图书馆信息等掺杂在一起。在此基础上对大数据知识服务体系协同设计进行有效分析，可以从中所得到的信息并具有针对性地进行管理和调整，制定出曲线图表，为之后顺利开展设计工作提供支持和帮助。

②协同管理

协同管理是对不同结构的软硬件设施、相关的技术应用和以信息为重要内容的知识服务资源进行管理的功能，而在此基础上这一环节包括对资源进行封装、监管、分布以及对质量进行评价等多种内容。大数据知识服务体系对协同设计的计划和需求进行管理，最为重要的内容就是将大数据知识服务体系协同设计的需要和要求进行分解，从而在现有的基础上进行对后续的建设，对相关的资源合理调配以及对相关人员进行相应的监督工作。通过大数据知识服务体系协同设计的流程进行实时监管的模式，对已经共同协商过的规划和设计进行有效的管理，从而明确了解在运行过程中常见的问题或者是发生过的错误，如产生的故障问题，需要向上级进行汇报或提交给其他管理部门，在较短的时间内能够快速有效的提出对应策略并及时解决问题。

③协同组织管理

根据大数据知识服务体系，将不同领域、地区以及不同机构中含有的各种类型图书馆资源（如高校图书馆、科研机构、数据库厂商、管理者以及用户）等紧密的关联在一起，在现有的程度上建设较为完善的大数据知识服务体系。

④服务资源管控

对于数字图书馆中知识服务资源的分类是多种多样的，根据大数据知识服务过程中所涉及的资源性，可以将此服务资源分为六大类，比如：知识资源、信息资源、人力资源、物能资源、服务能力资源以及其他资源。知识资源包括数字图书馆提供的建设、实际案例、服务规范等各类服务资源，服务设计原理性知识和相关的经验。信息资源包括数字图书馆所提供的各类专利、文献、图书等以及知识服务市场信息、图书馆和各种机构信息、技术信息、数据库厂商信息、协同工作信息等。人力资源包括图书馆的各类管理工作，运营、维护和管理人员的工作，参与协同设计的技术人员及各类专家等。物能资源包括在数字图书馆的建设和管理中，需要使用到的场地材料、物料资源以及最为基础的设施设备和办公设施等资源。服务能力资源包括基本的软硬设施资源、各种类知识服务协同设计能力、服务的生产、运营监控以及后期的维护能力、服务模拟仿真能力、协同设计能力。其他资源主要包括资金资源等。

（三）数字图书馆知识服务的实现方式

1. 个性化服务平台的构建

知识馆员是通过个性化服务平台为各层次信息用户提供服务的，而这一智能平台也是前台系统与各后台系统连接的纽带，因此，数字图书馆应重视平台的构建工作。在实际建设中，数字图书馆应借助先进的计算机技术对用户情境信息进行精准和全面的收集，特别是关键数据的获取。数字图书馆可引入物联网、3D、虚拟现实等技术完成虚拟空间的构建，让各类信息实现无缝连接，服务平台的功能也将随着用户需求的变化不断丰富。

2. 全能型知识馆员的培养

数字图书馆知识服务质量的提升离不开每位馆员的参与和努力。馆员不仅应掌握扎实的理论知识和熟练的操作技术，还应不断更新服务理念，唯有如此，才能在满足用户基本知识需求的基础上提供个性化服务。在新时期，图书馆应对传统的人力资源管理模式进行相应的调整，结合社会环境、用户知识需求、技术革新建立科学的用人制度，让馆员在多样化的培训中不断学习，从而帮助用户及时获取所需知识资源，减少上述情境因素对知识服务带来的消极影响。

3. 专业化数据库的建立

大数据背景下，专业化的数据库对数字图书馆知识服务而言不可或缺。数字图书馆除了对内部原有的知识库进行丰富，还要通过开发情境数据库彰显图书馆的特色，如：对文摘、专题、书目和全文数据库等进行优化，使知识资源更加规范、易用。数字图书馆可以对用户不同阶段的情境数据进行分析，从而对用户的知识需求进行精准预测，为其提供个性化知识服务方案。用户与数字图书馆智能平台进行交互时，智能系统会将用户之前的浏览记录、服务类型等与用户当前的知识需求相对比，并向其推送实际需要的内容。图书馆员可以通过智能服务平台与每位用户进行实时沟通，在最短的时间内解决用户遇到的问题，最大限度地提升工作效率。在实际服务过程中，图书馆员可以通过交流获取用户的需求，如果馆员将这部分内容记录下来并以显性化、编码化的方式进行储存，不仅可以丰富知识库，还有利于提升图书馆的整体服务能力。

（四）数字图书馆知识服务情境

1. 大数据构建高校图书馆知识服务情境的作用

（1）有效解决信息过载问题。大数据给人们的信息获得带来了极大的方便，也让资源共享发挥到了极致，但是在这些海量知识之中，用户要通过搜索来获得自己想要的知识又会显得比较麻烦，因为无论是通过搜索引擎还是进行信息的聚合，实际上改变的仅仅是用户所面对的信息量等的范围，仍然不能够对"信息过载"的情况进行有效的解决。鉴于这种情况，利用大数据来构建高校图书馆知识服务就需要进行情境的构建，这样才能够让信息的组织、检索、传递等能够充分有效地出现在用户面前，从而有效地解决广大用户所面临的"信息过载"情况。

（2）提高用户知识使用体验。

利用大数据构建高校图书馆知识服务是当前高校图书馆所面临的重要发展内容之一，高校图书馆知识服务为用户提供知识的搜集、储存、整合、运用等，并且会根据大量数据的反馈，针对用户的喜好、所处的地理位置、周围的知识环境等进行快速的反应，然后制定出有效的检索推荐，让用户能够在第一时间内搜索到自己需要的信息，然后根据这些信息来做出相应的策略。这种方式在一定程度上让用户在进行信息检索时能够得到较为全面、快捷的服务，也增强了用户在利用大数据进行信息共享时的体验感。

（3）有效促使知识创新活动。

利用大数据构建高校图书馆知识服务情境的研究能够让知识的存储、传递、运用等得到有效展开，也能够让用户在准确定位自己知识需求的同时尽快运用有效的知识来进行知识创新活动的展开，研究人员在进行科学研究的时候需要获取充足的科研知识，此时如果利用大数据构建高校图书馆知识服务情境设置就能够让科研人员更加有效地获得相应的研究成果，并能够在对比、借鉴中进行运用，然后实现知识的创新。

2. 数字图书馆知识服务情境的影响因素

大数据环境下，情境对用户的影响受到越来越多研究者的关注。情境是一个跨学科的概念，学界对其并没有统一的定义，不同研究领域可以结合专业特点对其进行解释，目前，情境在管理学、心理学、教育学等领域已经得到广泛的应用。图书馆界也将情境这一概念引入相关研究，如在数字图书馆建设以及图书馆个性化资源推送方的应用。有学者认为具有环境导向性、情景适应性、智能性和主动性等特征的个性化情景感知服务是图书馆信息服务未来发展的方向，可应用于检索、推荐和咨询等服务；有学者认为情境信息包括与系统功能和用户行为密切相关的各种信息，如用户的位置、时间、基本资料、自然环境和计算环境等，通过情境信息可以对当前进行的活动给出一个综合的判断。综上，数字图书馆情境信息是指与用户所处位置、借阅环境、心理状态等密切相关的因素的总和。数字图书馆知识服务是以用户外部情境为中心，结合图书馆资源提供动态服务的过程。

在知识服务过程中，图书馆会根据不同层次用户的知识需求不断丰富馆藏资源，而用户需求也会随情境变化而发生相应的变化。

（1）用户情境

用户情境可分为活动情境与认知情境两种，其中，用户的活动情境是指用户具有的社交能力、在网络中的活跃程度和多样的兴趣等；用户的认知情境则是指用户掌握的技能、所接受的知识及其个人信息等。通常来讲，用户原有的技能水平、认知和社交关系会对数字图书馆知识服务的最终质量产生一定的影响。在新时期下，图书馆的服务特征凸显，工作人员可以对用户的个性偏好和历史需求进行精准收集，再结合情境因素、服务质量的影响因素和用户的心理因素构建感知概念模型，使图书馆服务更加高效和精准。社会环境、网络氛围和用户认知心理的变化会直接影响用户最终的偏好选择，因此，相关人员可以对情境感知因素进行深入研究，将用户行为、知识水平、特征融入其中，借助基本情境、物理情境和社会因素等完成数字图书馆个性化推荐模型的构建。

（2）网络情境

网络情境是指用户借助图书馆资源满足自身知识需求时所使用的网络的速度、网络信息的强度以及网络运行的成本，这些将直接影响用户的交互体验，是数字图书馆知识服务的情境影响因素之一。

（3）服务情境

一般情况下，用户除了根据数字图书馆的功能、服务界面、访问特点等选择是否接受相应的服务，还会考虑知识的获取成效。如果用户根据自身需求选择数字图书馆，就会形成系统服务情境，而这一情境产生的数据将会给服务结果带来不同程度的影响。基于信息系统用户的接受理论，考虑数字图书馆知识服务系统的特征，图书馆可完成系统服务情境的假设，找到潜在的变量，也可从系统的功能和易用性上加以体现。为保证数字图书馆知识服务的有效性，馆员应掌握情境感知技术并收集用户需求，从而提供与当时情境相符的服务。

（4）设备情境

用户借助数字图书馆满足自身知识需求时，需要利用相关移动设备，而设备的稳定性、交互方式、屏幕大小、界面舒适度等会影响用户的最终体验。因此，图书馆应以用户的真实需求为服务出发点，从多角度构建数字图书馆知识服务质量评价模型，对移动设备给服务带来的影响进行深入分析，全面提升读者满意度。

（五）数字图书馆知识发现服务

1. 应用数据关联技术

关联聚合与关联分析概念的提出，在很大程度上解决了数字图书馆服务过程中出现的信息孤岛的问题，能够有效地将异构数据聚集整合起来，实现数据资源跨领域、跨学科的互通共享。因此，数字图书馆知识发现服务应用关联聚合与关联分析技术是十分必要的。

（1）提高数字资源的沟通效率

在传统的数字图书馆资源构建过程中，知识资源是零散分布的，缺乏内在的逻辑和规律，用户在检索资源时常常遇到瓶颈，这种孤立的资源存储方式使资源间缺少必要的联系和对话，加大了图书馆知识服务的难度与成本。充分应用关联聚合与关联分析技术，能够将分散的知识联系起来，挖掘数据资源之间的规律，为用户提供知识发现与访问的通道，由此降低用户知识发现的难度，提高数字资源的获取与使用效率，提升数字图书馆知识发现服务水平。

（2）优化数字资源使用环境

随着网络环境的普及和信息技术的发展，数字资源获取的途径不断增加，用户可以通过各种渠道获取目标信息，这就导致数字图书馆信息资源呈现爆炸式增长的趋势。随之而来的是数字资源使用环境与知识发现操作越来越复杂，用户在获取资源服务时需要自己去伪存真，不断更换关键词进行检索，耗费了大量的时间与精力。应用关联聚合与关联分析技术，有利于对数字图书馆资源进行整合，进一步统一数字资源检索系统，优化数字资源使用环境，为用户提供优质的网络依托平台。

（3）提高数字资源利用效率

应用关联聚合与关联分析的数字图书馆知识发现服务可以打破数字资源之间的异构壁垒，缓解知识孤岛困境，从而有效提升其服务质量和服务效率。数字资源得到充分的挖掘和关联，能够形成有机整体，便于用户的知识发现操作。可以说，强关联的数字资源是提高数字资源利用效率的基础，也是提高数字图书馆技术人员和知识发现服务人员工作效率的前提。

2. 数字图书馆知识发现服务原则

在实际操作过程中，需要遵循一定的原则，以保证强关联技术与数字图书馆工作的适配性，更好地促进图书馆资源整合和知识发现服务。

（1）整体性与协调性

整体性与协调性原则强调的是数字图书馆既要完整全面地获取相关数字资源和知识内容，还要保障图书馆资源结构分布均衡。具体而言，数字图书馆知识发现服务旨在满足用户的资源需求，那么完整的资源储备必然是知识发现与关联聚合分析技术应用的前提基础，图书馆尤其要重视数据资源的内在联系，确保关联聚合后的资源能够覆盖相关学科或领域的内部功能，满足用户的需要。协调性原则更倾向于资源构建与馆员工作方面，从资源构建来看，注重分配均衡，不仅要涵盖文本资源，还要充实图片、音频、视频等知识资源格式，以便为关联聚合与关联分析技术的应用提供更多可能。此外，从馆员工作方面来看，图书馆在对数字资源进行整理、保存和共享过程中，各部门工作人员要统筹协调，保持步调协调一致，这样可以使用户服务的各环节畅通无阻，充分发挥数字图书馆知识发现服务的优势和特色。

（2）科学性与规范性

数字图书馆知识发现服务的科学性与规范性是指数字图书馆在对知识资源进行关联聚合与关联分析的数字化技术手段处理过程中，无论是对方法的选取，还是对处理对象范围的划分，都不能是随机拼凑的，是需要经过严谨的科学论证，只有遵循科学的强关联计算过程，才能保证结果的真实有效。与此同时，关联聚合与关联分析技术的应用也必须要符合规范，要充分考虑数字知识资源自身特征和学科领域的特殊性，采用规范的标准和技术手段对资源进行合理加工，形成科学性与规范性兼备的数字图书馆知识资源运作体系，为用户提供有效、完善的知识发现服务。

（3）优先性与可持续性

数字图书馆知识发现服务要遵循优先性与可持续性原则。优先性原则是指图书馆在进行数字资源聚合与关联的过程中，要分清主次，抓住主要矛盾，对数字资源的价值高低或重要程度等级进行排序。一般来说，数字图书馆要优先考虑馆藏特色资源、优势资源、稀缺性资源等，充分保障这类知识资源的整合与分析，以保障数字图书馆知识发现服务优势，提升核心竞争力。可持续性原则是指数字图书馆在保证优先等级顺序的前提下，还要落实图书馆资源建设从重点到一般、从局部到整体的辐射；知识关联和聚合也要秉承可持续发展原则，保持及时更新，以满足用户需求为终极服务宗旨，根据用户需求持续调整，确保数字图书馆知识发现服务及时有效。

三、高校图书馆数字人文服务

近年来，互联网技术趋于成熟，带动了信息科技的爆发式发展，各类数字方法逐渐渗透到各学科领域，同时也带来了各学科领域的新发展。作为新兴的研究领域，数字人文于21世纪初被首次提出，目前已有将近两百家图书研究机构或实验室的命名中带有"数字人文"元素，此外，还有不少学者从事着数字人文项目的研究。在高校图书馆读者需求进一步多样化的今天，高校图书馆怎样迎接不断出现的挑战，怎样更好地为广大师生服务，为读者用户提供多元化数字人文服务，是现代高校图书馆需要思考的问题。随着数字时代的发展，知识的数量增长迅速，数字人文服务在内容上更有助于信息传播与知识交流，为数字人文资源知识服务的有效利用提供时代层面的保障。

（一）数字人文的含义

关于数字人文的含义，目前学术界尚未达成共识，不同学者从自身研究领域出发，从不同角度给出了数字人文的含义。数字人文技术不仅局限于数字技术本身，更与人文学术具有密不可分的渊源。数字人文包含的主题涉及资料的开放获取、知识产权、工具研发、数字高校图书馆、数据挖掘、原生数字资源保存、多媒体出版、可视化、数字重建媒介学习等。有学者提出对数字人文的深度研究，认为它是一个把传统的人文学科引进现代互联网领域中的新型研究范畴。有学者认为数字人文是在计算机技术不断发展的基础上的合作性、跨学科的研究，属于一种新型的学术模式和组织形式。有学者认为数字人文技术在传统研究的基础上可节省出大量的时间与精力，促进人文学者利用数字思维对传统人文领域进行创造性建设。现阶段，数字人文服务得以快速发展壮大，离不开计算机信息技术和包含哲学、历史学在内的人文学科的发展交融，学术界应不断完善数字人文的知识创新与知识服务的学术价值与社会效用，发挥数字人文的研究与服务创新。高校图书馆数字人文服务具有双重属性，一方面服务于广大师生，为其学习科研提供便利；另一方面又担负着学习交流、促进文化传播的重要角色。

（二）高校图书馆数字人文服务内容

对图书馆来说，数字人文的兴起既是发展机遇，也是新的挑战。图书馆作为新时代发展中的科研服务单位，如果还固守纸本资源和电子资源为用户提供相应的资源服务，将不能适应学科服务的新要求和挑战。图书馆可以通过参与具体的数字人文项目或者提供相关科研服务来体现自身在数字人文研究中的价值。当前，数字人文服务已成为高校图书馆的五大新服务之一，图书馆在参与具体的数字人文项目过程中，不仅可以承担收集、整理以及数字化第一手原始资料的工作，也可以提供数字资源服务和技术咨询服务。图书馆从自身文化和环境出发开展数字人文服务，不仅能拓宽图书馆服务的广度，而且能提高图书馆服务的深度。

1. 数字人文科研支持服务

科研支持服务一直是图书馆着力开展的服务内容。面向数字人文这一新兴服务领域，图书馆员需要树立以研究者或研究团队为中心的服务理念，重塑自身角色，深度嵌入到数字人文相关科研活动中，为用户提供直接支持：

（1）数据收集服务，利用自身专业和资源获取途径的优势，为研究团队提供第一手研究资料，对数据进行收集和整理；

（2）数据分析服务，利用数字人文研究工具，对收集整理的数据进行组织、分析、注释、共享等；

（3）数据管理和维护服务，利用自身存储和管理经验，为数字人文项目提供有效的元数据管理、数字保存和数据维护等服务；

（4）数据版权服务，对数字人文项目中涉及的版权问题进行指导，提供版权咨询、许可申请、使用或再利用授权等支持服务；

（5）成果评价与展示服务，一方面利用自身资源评估及编目的经验，为数字人文成果建立评价指标、提供评价工具以及进行非正式评价等，另一方面利用内容构建与管理、知识发现、信息标准、网络导航等方面的优势，为数字人文成果出版与在线展示提供支持服务。

2. 数字人文培训服务

数字人文培训是推广和普及数字人文知识、强化数字人文意识、深化数字人文认知的重要手段，是促进学校数字人文科学研究的重要举措。数字人文培训服务的对象不仅包含本科生、研究生，还包括教师和图书馆员；培训服务的内容不仅包含数字人文相关基础知识、数字人文工具使用、数字人文研究方法，还包括数字人文科研意识和素养的培训；培训服务的形式不仅包括标准化的课程培训、讲习班、暑期班，还包括研讨会、工作坊等。通过数字人文培训服务，不仅可以提升馆员和师生的数字人文素养，培养数字人文专业人才，也能够推动学校数字人文科研的发展。

3. 数字人文项目服务

数字人文项目是人文学科研究中应用数字工具后的具体呈现，项目的成果大多为数据库形式，项目开展的形式包含馆内开发和馆外合作开发两种。数字人文项目的开展通常涉及人、财、物、技术及管理等多个要素，图书馆需要在数字人文项目中找准自身的定位与角色，构建完整的数字人文服务链。在服务过程中，图书馆通过建立基于数字人文项目的管理计划，将各种知识、技能、工具和技术应用于数字人文项目启动、规划、实施和收尾等各阶段。通过数据库开发、界面设计、交互实现等实现数字人文项目的前端开发；在开发完成后，图书馆可以通过数据管理和信息推送服务来实现数字人文项目的后台维护服务。

4. 数字人文参考咨询服务

数字人文参考咨询服务是指数字人文馆员依托本馆纸本与数字馆藏以及互联网，为用户提供数字人文相关咨询、文献传递和工具资源的一种服务模式。数字人文参考咨询服务包括虚拟参考咨询和线下参考咨询两种形式，用户可以通过参考咨询获得图书馆数字人文相关资源、数字人文工具及工具使用技术、数字人文项目的支持服务等。由于数字人文参考咨询服务具有较强的针对性、技术性和专业性，因此数字人文参考馆员需要具备较高的图情专业素养、较广的知识素养、较强的技术和数据素养。

（三）高校图书馆数字人文服务的必要性

随着科技的快速发展，高校图书馆需要进行大量的原始资料清理、转换、分析，满足用户各种各样的文化需求，这就更加需要借助数字人文服务提高服务效率。

1. 为用户提供数据分析

数据分析包括 RDF、图像语义标注、标引、数据库、关联数据等技术，其中关联数据分析被广泛应用于数字人文项目。随着开放数据信息可以被任何人免费使用、再利用、再分发，高校图书馆应充分挖掘现有资源，对元数据进行加工处理，转化为可以规范引用的开放数据集，更好地被用户所利用。大数据时代，数字人文研究的工作模式主要是对人文社科研究对象的信息化、本体化处理，获得大量的数据信息，通过挖掘与分析，发现更深层次的科学规律。

2. 满足用户日益个性化的需求

数字人文的服务用户具有日益个性化的需求，这就要求高校图书馆分析用户数据，精准预测用户需求。对于在高校图书馆从事数字人文服务的馆员，他们需要具有基础的图书情报专业背景与跨学科研究能力，为读者提供日益个性化的教育培训等服务，兼顾读者的人文与数据知识的需求。高校图书馆为读者提供数据、信息及技术方面的保障，保证数字人文教育工作及时且可持续发展，深层次地为读者提供数字人文研究服务，高效满足用户需求。

3. 数字人文技术可加快我国高校图书馆的资源建设

高校图书馆在开展自身建设时，应明确数字人文领域建设的必要性，通过强化资源建设促进馆藏文献资源的优化整合，争取资源的授权使用，增强数字资源共建共享项目的可获得性；鼓励平台研究者主动开放和共享数据，促进研究数据的传播和利用，通过使用相关统计分析软件分析数据、收集和提取有用信息并形成结论，进行详细研究和总结。

（四）高校图书馆数字人文馆员

对数字人文服务相关的图书馆员的角色定位和岗位职责的探究，能够有效促进数字图书馆信息服务的提升。

1. 数字人文馆员的职责

数字人文馆员的岗位职责主要有：（1）熟练运用数字人文工具，提供数字技术服务，参与数字人文项目的设计、开发、实施与维护；（2）与院系密切联系，为师生提供专业咨询服务，促进院系数字人文项目的建设；（3）创新教育教学方法，提供数字人文研究方法及工具使用的教学培训服务；（4）参与国内外学术研讨交流，掌握数字人文发展动态；（5）管理、规划和协调数字人文项目等其他职责。

目前，关于数字人文馆员的岗位职责研究集中在以下几点：一是国内外针对数字人文馆员角色和责任的讨论，停留在信息收集和梳理的研究较多，深层研究较少；二是研究方法具有较强的同质性，即采用文献调研、网页调查等方式，少有采用聚类分析等定量数据分析法对涉及数字人文项目的馆员角色进行的分类实证研究；三是现有调研所依赖的内容素材缺乏多样性，如不少研究利用ALA、Job LIST等招聘网站或院校官网发布的大学图书馆数字人文馆员招聘广告信息，但鲜有以馆员网站主页中发布的个人职位描述等动态化文本为研究对象。

2. 数字人文馆员的核心能力

数字人文服务是图书馆进行创新服务的重要内容之一。良好的软硬件设施、完善的资源及其资源获取途径和专业的人才队伍三者共同构成图书馆数字人文服务的基础，其中数字人文馆员的能力将直接影响数字人文服务的效果和效能。数字人文馆员的能力既包含项目管理服务能力，又包含与数字技术相关的数据处理与分析能力，还包含教育教学、人际交往与协同创新、自主学习等能力。

(1)项目管理服务能力

项目制是数字人文发展运行的主要模式,数字人文馆员需要在项目实施的前期、中期和后期提供项目计划制定、成本预算、人员组织、设备及技术要求、项目评估、成果展示、知识产权等服务。良好的项目管理服务能力不仅能够追踪数字人文项目的生命周期,紧跟项目研究的进度,灵活地运用各种资源,安排好项目中各项工作的优先级,而且可以准确发现项目进行中所需的服务和资源,适时提供相应的服务,有序推动项目的进程和发展,保障数字人文项目的开展和完成,进而促进图书馆与院系(或合作单位)的合作,形成可执行、可操作的服务流程和服务方案,为后续的数字人文项目合作提供经验和借鉴。

(2)数据服务能力

现阶段数字人文研究引入了自然科学领域的研究范式,需要对第一手数据或资料进行元数据标准化处理,并在标准化处理的基础上对数据进行组织、整理、分析、保管与维护。因此,数字人文馆员应该准确认识数据,具备较强的数据服务能力,具备元数据的收集、整理、保管和维护等处理能力,并具备通过文本挖掘、数据可视化、GIS、社会网络分析、图像分析等方法对数据进行分析的能力。通过熟练使用数据、文本、音视频等数字工具,将人文研究方法与数字工具紧密集合起来,从而有效保障数字人文项目按期保质完成,使得项目成果呈现出易于保存和应用范围广的特点,这不仅是数字人文项目实现的基础,也是数字人文项目中各个数据库是否能够实现"知识大融通"的基础。

(3)教育教学能力

数字人文学科的交叉性,决定了数字人文馆员需要具备多方面的综合能力才能承担数字人文馆员的工作职责,特别是当馆员参与具体数字人文项目时,更需要在快节奏的、复杂的环境中开展全天候的服务。数字人文馆员除了需要具备较强的专业知识和技术以外,还要有较强的教育教学能力。具体而言,一方面,可以根据学校的数字人文科研环境,开展相应的数字人文研究推广、数字人文研究技能等方面培训,从而增强用户的数字人文意识,推动数字人文研究的发展;另一方面,可以根据项目进度开展情景式教学,通过小组指导、研讨会或课程嵌入等方式开展培训活动,传授数字工具使用方法,培养用户的数据收集使用能力、数据管理维护能力,引导用户自我发展。

(4)人际交往与协同创新能力

目前,国内外优秀的数字人文项目均为合作的项目,比如:武汉大学的敦煌壁画主题词以及关联数据发布服务平台等系列项目,北京大学与哈佛大学联合构建的"中国历代人物传记资料库（CBDB）"项目等。因此，数字人文馆员在发挥自身专业特长的基础上，需要充当部门或学科联络员角色，协调相关研究部门、人文学科的师生群体以及馆内其他人员之间的关系，促进各方面的交流与合作，实现图书馆与人文学科研究团队之间的优势互补与资源整合，从而探索图书馆与研究团队之间协同创新的新模式。对于图书馆数字人文馆员而言，具备良好的专业沟通能力、人际交流能力以及在团队中的协同合作能力至关重要。

（5）自主学习能力

数字人文作为跨学科的新兴领域，涉及新理论、新技术、新方法，图书馆员作为数字人文的参与者，要始终保持开放的思维和强烈的求知欲，激发自己的创造力，不断学习新的知识和理念，掌握新的技术和技能，通过自主学习补充跨学科知识的短板，理解和掌握项目意义、目标和周期，将自身的专业特长与项目相融合，从而不断提升自身的核心竞争力。

（五）高校图书馆数字人文服务存在的问题

1. 资源建设方面

无论是公共图书馆还是高校图书馆，其发展的首要问题是资源建设问题。从我国高校图书馆数字人文的发展现状来看，对基础设施建设的研究还处于初级探索期。我国高校图书馆数字人文基础设施尚不完善，从而影响了数字人文的教学基础环境。相比之下，美国高校在这方面发展得相对完善，美国有将近1/2的高校图书馆设置了数字人文研究机构，这为数字人文服务在高校图书馆的进一步发展提供了良好的环境与健全的设备。

2. 资金投入方面

高校图书馆数字人文的发展依赖于多种技术，但极少有高校图书馆员熟悉类似技术。纵观我国高校图书馆现状，相较于其他领域，财政的支持较少，而数字人文技术的研究与发展必然需要在前期投入大量的人力资本与财务支持，缺少财政支持投入也是高校图书馆在开展数字人文服务时不得不面对的一个现实问题。

3. 人力资源建设方面

目前，高校图书馆并没有要求馆员具备数字人文专业背景，对招聘具备相关技术的馆员仍局限于理论探讨中。数字人文属于一种新型的交叉学科，涵盖哲学、文学、历史、通信技术、互联网科技等内容，但从目前我国高校图书馆员的学术背景看，虽然他们大多有图书情报专业背景，但极少涉及与数字人文紧密相关的互联网技术和通信技术。除此之外，我国高校图书馆较少设置数字人文岗位，没有专业学术背景人员提供服务。有学者建议在高校建设数字人文中心，但实现这一想法具体需要什么条件，建成之后需要什么内容支持运营，对于这些现实问题，学者们并没有给出进一步的说明。

4. 数字人文馆员培养方面

（1）培养机制不健全

数字人文馆员虽然与学科馆员或参考馆员的职责部分重合，但其在项目管理服务、数据服务、教育教学、协作协调等方面是具有专业和综合发展能力的新型馆员。现阶段的培养以参与具体项目、参加论坛或培训来促进数字人文馆员能力提升，比如：武汉大学数字人文中心、北京大学数字人文研究中心、南京大学数字人文创研中心等通过数字人文项目、开展讲座或研讨会等形式来促进数字人文馆员的能力发展。虽然这些方式值得参考，但尚未形成完整的数字人文馆员培养方案。21世纪以来，受网络化和数字化的影响，全球图书馆教育出现了"去图书馆化"和"专业主义"趋向，我国的图书馆学教育也出现了专业人才培养滞后、人文培养定位模糊、学生实践能力不足等问题，国内数字人文馆员培养机制不健全的现状非常突出，数字人文馆员人才匮乏。

（2）相关培养与管理制度缺失

数字人文馆员的管理和培养发展制度缺失，其成长的社会环境也尚未成熟。当前，国内只有少数几所高校设立了数字人文研究中心，且隶属人文学院之下，因此，参与中心建设的图书馆员的管理还是参照学科馆员或参考咨询馆员制度为主，没有形成数字人文馆员的专有管理制度。对国内当前的数字人文馆员而言，在整体发展机制不健全的环境下，其成长更多的是依靠参与项目、参加论坛或自主学习来实现自我能力提升，个体能力提升速度和团队建设发展上均存在较大的不足，再加上图书馆没有针对数字人文馆员的激励、考核与创新发展机制，造成了数字人文馆员团队建设中出现培养、吸引和留住人才难的局面。随着数字人文研究活动的开展，我国建立相应的数字人文馆员制度体系势在必行，这不仅是图书馆有序开展数字人文服务的要求，也是推动学校数字人文研究的必然要求。

（3）培养实践活动欠缺

国内数字人文馆员的培养实践活动形式主要以研讨会、论坛或国际会议的形式进行，且主要集中在武汉大学、北京大学、南京大学等为代表的重点院校下设的数字人文中心，其主要目标是培养馆员的数字工具使用、数据收集、成果评价等能力。其中，武汉大学数字人文研究中心举办"珞珈方法训练营"，突显大数据基础理论、技能方法和实务应用；北京大学举办"人工智能时代人文学科的挑战与机遇"的数字人文建设与发展专题研讨会，探讨数字人文相关的需求、规划和跨界合作等问题；南京大学数字人文创研中心举办的"数字人文的学术评价体系：定义与规范构建"学术会议，探讨如何对数字人文成果进行认定。这些实践活动，虽然一定程度上加深了馆员对数字人文的认识，但是还存在活动场次较少、活动内容不全面、课程不系统等问题，因此对已经或即将开展数字人文服务的图书馆而言，这些培养实践活动还不足以支撑整个数字人文服务团队和体系的建立，数字人文馆员的创新培养实践活动与形式均存在不足。

（六）提升高校图书馆数字人文服务的对策

1. 提升高校图书馆馆藏资源建设的数字化

高校图书馆在数字人文资源建设中应凭借自身的资源，积极发挥作用，通过特藏资源和文化遗产的数字化建设强化数字资源建设、资源组织、数据加工、文本建设、服务与版权等。高校图书馆馆藏资源数字化是高校图书馆数字人文服务的一个未来发展趋势，专家学者及相关馆员应就高校图书馆数字人文馆藏数字资源进行深入研究。

2. 强化高校图书馆数字人文服务的网络化

高校图书馆数字人文服务的网络化不能仅局限于高校图书馆的日常运转实现网络化发展，更在于实现对所藏资源进行数字人文的网络化管理，充分发挥传统高校图书馆资源的价值利用效率，促使高校图书馆数字人文信息服务能力的提高。由于信息的数据性和技术性特征，高校图书馆员应具有一定的数字人文网络技术，并能应对并解决在数字人文网络化建设过程中的难题。

3. 深化高校图书馆数字人文服务的社会化

高校图书馆数字人文服务社会化可以通过馆企合作、馆际合作、校友服务等方式促进高校图书馆数字人文服务的开展。高校图书馆数字人文社会化服务的可持续发展，除了相应的政策法律保障和资金支持，还必须建立完备的宣传推广和评估反馈机制，加强与读者之间的沟通，了解其对服务的要求及评价，并及时改进，与科研人员共同促进高校图书馆的发展。

4. 提高对图书馆数字人文馆员的培养

（1）增强馆员数字人文意识，普及数字人文相关知识

数字人文在我国起步较晚，大家对数字人文的认识不清，再加上馆员的学科背景不同，每个人对数字人文的理解不一样，所以需要采用多种形式来加强数字人文意识和普及数字人文的相关知识。①增强危机意识，促使馆员主动求变。现

阶段，图书馆的服务内容已逐步从传统的图书借还服务向参考咨询、智慧服务、数字人文等创新服务过渡，在此过程中，如果馆员还固守传统思维，将不能适应图书馆服务发展需求。数字人文服务为馆员的发展开辟了一条新的道路，普通馆员在向数字人文馆员转变过程中，要树立不进则退的危机意识，促进馆员自身主动求变。数字人文馆员的培养是个长期的过程，要求馆员掌握图书情报专业知识和各项数据服务技能，并在长期的图书馆服务中形成对数字人文服务的综合认识。当前部分馆员由于学科背景是文科，就不愿意去学习新的数据处理软件和工具，这不利于数字人文馆员团队的建设和自身发展，所以应当根据数字人文的服务内容进行综合判断，促进馆员主动求变。②参与多种类型活动，促进馆员认知改变。通过馆内开展数字人文相关讲座、论坛，普及数字人文相关知识；通过讲解校内数字人文项目的开展情况，促进馆员对数字人文的认知；通过参与不同的学术会议、学术论坛或专题培训等，促进馆员对不同学科开展数字人文研究的认识，加强馆员与同行之间的交流，提升馆员的数字人文服务意识和水平。

（2）优化学校教育培养体系，培养数字人文馆员后备军

图书馆学教育必须顺应时代发展、图书馆发展、图书馆学发展的背景和趋势。受 iSchool 运动的影响，图书馆学现有的人才培养体系受到挑战，但图书馆为国家文化发展需求服务的目标并没有变，为师生提供数字人文服务也是图书馆人服务国家文化发展需要而进行的创新服务，因此，我们需要以前瞻性的思维对图书馆学教育培养体系进行调整和优化。①调整教学内容和教学方法，提升学生的文化、专业和综合素养。将公共文化和文化传承的课程及数字工具应用课程纳入培养体系，通过互动与情境教学及案例教学等多种教学方法，实现学生素养的全面提升。②开设研究方法与工具相关课程，培养学生的科研能力。研究方法是学生开启科研的一扇门，研究工具是学生进行科研活动的钥匙，通过方法与实训的结合，不仅有助于提升学生自身的科研能力，也能够提升学生的数字人文服务能力。③创新实践教育，培养学生实践能力。通过参观、听讲座、参与项目、服务研习等方式对学生进行实践教育，促进学生实践能力的提升。目前，北京大学信息管理系开设了"数字人文"课程，该课程内容主要包含数字人文的理论和概念、技术和实践三部分，开启了数字人文人才的专业化培养先河。

（3）建立馆员终身学习机制，促进馆员的自身发展

数字人文馆员对文化、学科背景、研究方法与数字工具使用的要求均较高，最便捷的方式是将既有文科背景又会数字工具使用的馆员培养成为数字人文馆员。通常，馆员不会同时具备两方面的学科背景，因此我们需要重新审视现有的

馆员队伍，促进有兴趣、有志向、有能力的普通馆员向数字人文馆员转化。①建立数字人文服务团队。通过团队活动、团队服务、团队交流等推动数字人文馆员个人能力提升，从而促进个人服务水平的提高。②建立个人发展培养计划。数字人文馆员是人文与技术兼具的专家，且具有综合管理和服务能力，因此需要针对不同学科背景的数字人文馆员制定专属的个人发展培养计划，扬长处补短板，推动数字人文馆员向"专深"和"全能"发展。③推行终身学习机制。数字人文馆员也是学习型馆员，需要不断学习新的研究方法、新的学科知识、新的数字工具等来适应数字人文服务的需求，因此需要推行终身学习机制，打造数字人文馆员专属的终身培养体系。④促进馆员科研能力提升。数字人文馆员也是科研工作者，馆员科研能力提升不仅能够提高数字人文服务的水平，也能促进数字人文服务向纵深发展。

四、高校图书馆数字学术服务

（一）概念

高校图书馆的数字学术服务是指在高校办学和发展过程中，通过将新的通信技术、新的网络信息手段、新的数据分析工具应用到学术研究的一种过程，目前学术界对数字学术服务的研究成果相对较为丰富，形成了多样化的研究内容。有的学者认为数字学术服务是利用数字化的工具设备进行科学研究和科学成果展示的一种新型的学术形式，包含的内容十分广泛，包括了各种元数据分析、地理定位、软件应用、文献数字化处理、数据库开发应用等多个方面。从数字学术服务的内容层次上讲，有研究学者认为可以将数字学术服务分成物理空间服务、科学数据服务、数字人文服务、出版与教育服务等几个方面。数字学术服务内容在不断地发展，从而产生了一系列新的研究内容，并且在各项研究成果的支持之下，逐渐构建了一套完善且合理的数字学术技术服务支撑体系和保障体系，并逐渐完善和创新。但是当前，关于如何应用高校图书馆的数字学术优势开展社会化服务研究相对较少。

（二）主要内容

1.科研支持平台

高校图书馆的数字学术服务主要体现在提供科研支持平台，具体服务包括数字学术基础设施、数字协作空间、教学与培训、参考咨询等。数字学术基础设施服务于广泛的学科，为用户提供一系列的硬件、软件和工具的支持，如电子阅览室、SPSS等。数字协作空间包括休闲空间、正式学习与研讨空间，并配备专门的设备和工具，运用多种形式提供教学与培训服务，如在线学习资源、研讨会和学分课程等。高校图书馆的数字学术服务还有咨询服务，包括虚拟参考咨询和机器人馆员。目前，很多高校图书馆已经在数字学术服务方面做了一些探索。如俄勒冈大学图书馆的可视化实验室、数学实验室、学术设计实验室，谢菲尔德大学图书馆的开放研讨空间和英国德比大学图书馆"Hungry Robot"教育游戏等。

2. 数字学术交流

高校图书馆数字学术服务在选题构思阶段提供文献检索服务，包括开放政府信息资源、学术数据库和机构库。研究人员可以直接跟馆员讨论咨询，确定研究问题。馆员运用文献计量法，根据用户需求来分析某个学科或者相关主题的发展趋势，并为用户提供文献计量报告等。美国的哈佛大学图书馆和英国的谢菲尔德大学图书馆都提供了科研规范教学与服务内容。中国的武汉大学图书馆开设相关慕课，同时还提供科研支持服务、科技查新服务和机构知识库。北京大学图书馆开设学术信息资产体系，创建北京大学机构知识库、学者知识库、开放研究数据平台和北京大学期刊网。高校图书馆的数字学术服务参与教学、指导学生，开设科研相关的专业课程，同时承担起培养研究人员科研能力的责任，有效地实现了数字学术交流。

3. 数据项目管理

在科研的项目阶段，包含基金的撰写和项目计划制定等，高校图书馆的数字学术服务帮助用户确定项目中需要使用的研究工具、研究方法等，明确项目成果出版形式。另外，馆员参与制定数据管理计划的撰写，梳理项目方提出的数据管理要求，从而提供数据管理计划。在申请基金过程中，图书馆提供各学科学术基金信息以及申请指南，指导撰写基金申请书。同时，也有很多数据库支持项目基金申请，其中全球科研项目数据库中收录美、中、英、德、法、澳、加、日、欧盟、俄等多项国家基金资助科研项目。另外，德雷克塞尔大学和肯塔基大学图书馆还为科研用户制定了数据管理计划的专业指南和实践案例，为其提供数据管理计划工具的使用服务。

4. 数据管理工具

学术研究的项目阶段至关重要，包括做实验、数据采集、数据分析和项目管理等研究活动，高校图书馆数字学术服务不仅要提供数字化管理，还要承担科研项目和成果的管理等任务。在项目实施阶段，高校图书馆的数字学术服务提供数据存储、备份、共享平台，如数据机构库等。同时，提供数据处理、分析工具，如 Nvivo、SPSS 等。还有数据再利用服务，如数据引用服务。馆员帮助研究人员做项目管理，如时间控制、使用数字工具等。最后，根据用户需求提供数字化服务，包括元数据设计、数字化平台、数字化团队等。比如哈佛大学图书馆和耶鲁大学图书馆的高校数字学术服务中的数据管理计划工具、指导及政策。

5. 学术出版服务

高校图书馆数字学术服务在科研成果的出版阶段提供出版指导、梳理和发布学术期刊信息，帮助用户从影响因子、主题等角度选择合适的学术期刊，并整理和发布各学科刊物的出版要求。同时，为科研人员提供版权咨询与指南、合理使用咨询和学术道德规范指南。图书馆内部组织与其他部门合作，成立出版部门并组织同行评审，出版学术作品，制定开放存取政策，并通过建立机构库、开放存取期刊等方式，开放出版学者的研究成果。具体包括定期处理期刊稿件、参与同行评审工作、参与相关会议等。如清华大学图书馆和武汉大学图书馆提供投稿导引等服务。

（三）高校图书馆数字学术服务社会化

1. 概念界定

数字学术服务社会化是脱胎于大学社会服务范围。19 世纪林肯总统签署了莫里尔法案，在该法案的支持之下，一批与当地经济发展密切相关的学院逐渐诞生，并且开放办学的思想逐渐得到了进一步的推广和应用，其中哈纳尔大学的办学就是向所有人开放、向所有学科开放的。大学是公共体系的重要组成部分，大学教育的发展与政治、经济、科技密切相关。

随着我国当前社会不断向前发展以及信息化应用不断深入，社会各个层面涌现出了对数字学术服务的实际需求，起源于高校的数字学术服务的社会化转变势必会成为一种趋势。高校图书馆的数字学术服务社会化是在当地政府部门的引导和监督之下，由高校统一管理各项信息资源，满足不同群体的科研需求、人文学术需求和终身学习需求。从服务的对象来看，高校的数字学术服务社会化是在满足本学校师生科研需求的情况下向社会提供相应的服务。

从服务内容来看，数字学术服务社会化不仅仅应该包括高校的科研服务，还应该支持各类机构的科研、信息服务，支持个人的终身学习服务以及整个社会的人文学术服务。

2. 可行性分析

（1）社会大众的数字学术服务需求不断增加

社会大众对数字学术服务需求的不断增加是助推高校图书馆数字学术服务社会化发展的前提基础。当前随着知识经济、数据经济时代的到来以及社会竞争的日益严峻，各类社会组织和个人对数字学术服务的需求量逐渐增加。

对于地方政府机关来讲，在法律法规的有效制定、各项政策的实施以及廉政建设等方面都存在数据信息需求，但由于各个机关当中的内部资源相对较差，使得很多信息需求得不到有效的沟通交流和满足。

对于本地区的企业来讲，在市场交易的过程中，高效的信息技术支持方式会给企业带来更低的经营成本，企业在新产品设计研发和专利申请以及专业人员培训过程中也离不开信息资源和专业人员的有效支持。企业的现代化、专业化信息需求无法被满足时就会进一步阻碍企业的发展，从而影响到企业的经济效益，对推动一个地区的经济发展产生不利影响。

从个人层面来讲，终身学习成为一种社会共识，社会大众要求高校图书馆能够为其提供一些高质量的文献资源和分析数据。由此能够看出社会各个群体对高校图书馆的数字学术服务有着较高的要求，高校图书馆拥有着丰富的馆藏资源，在数字图书馆建设过程中形成了大批量的数字化学术资源，它能够有效弥补各个领域对数字学术资源的实际需求。数字学术服务的社会大众的实际需求与供给之间的矛盾是推动高校图书馆数字学术服务社会化发展的必要基础。

（2）国家政策对高校图书馆开展数字学术服务社会化提供了助推作用

高校图书馆数字学术服务社会化的进一步发展还得益于国家各项扶持政策的有效推动，2015年国家所制定的普通高校图书馆规程当中明确指出高校图书馆要切实发挥好自身的信息资源优势和专业服务优势，要全面参与到各类资源共建共享、为社会大众服务、为各个领域服务之中来。在今后的多种方针政策当中明确指出了高校图书馆在资源建设和服务工作开展过程中，应该始终坚持服务国家、服务地区的基本原则，服务当地的经济结构战略调整和现代体系的有效建设以及满足现代社会的发展需求。信息驱动、数据助推经济发展的大背景之下，政府高度重视高校图书馆社会功能进一步发挥，尤其是高度重视高校图书馆在专业信息咨询、信息技术有效应用、资源分享等方面的作用，更好地发挥高校图书馆在支持社会发展各方面的重要作用，并提前加强规划以便更好地服务社会各个领域。高校图书馆通过不断加强数字化资源建设，形成丰富、完善、种类齐全的数字学术资源，并能够充分地利用这些数字学术资源为本地区的政府、企业、社会组织和个人提供科学研究服务和终身学习提升服务，满足各个群体的社会人文学术研究需求。从这一方面能够看出高校图书馆的数字学术服务社会化是符合国家对高校服务职能的基本定位和基本要求的。国家制定一系列相关的方针和政策，有效推动了高校图书馆数字学术服务的社会化发展进程，并以此为基础，明确了高校图书馆数字学术服务社会化的总体目标是更好地解决区域经济发展以及经济面临的主要问题，这将推动经济发展嵌入到高校图书馆数字学术服务规划的整个环节。

（四）高校数字图书馆学术服务提高路径

1. 结合科研生命周期

结合科学研究生命周期是高校图书馆设计、建设、开展数字学术服务的有效途径。科学研究生命周期包括计划阶段、项目阶段、出版阶段和保存与传播阶段。高校图书馆数字学术服务要基于科研生命周期提供服务，以确保科研的顺利开展。高校图书馆的数字资源建设，不应局限于数字化采集，还要进行开放期刊、开放图书、科研数据、社交媒体学术资源在内的资源全面整合，让开放学术资源成为图书馆数字内容资源建设的重要组成部分。

2. 提高馆员综合素质

疫情加速了数字学术服务的推广与普及，但对于用户和高校图书馆馆员来说，在计算机网络和相关知识方面的提升，需要不断地学习与实践。后疫情时代下，要把加强专业人才培养，加强图书馆员的素质和能力作为提升高校图书馆数字学术服务能力的核心工作。首先，要明确培训人员，进行相关技术的知识培训和实践操作，从用户需求的角度出发，完善技术培训内容。其次，设立专门的数字学术服务部门和岗位，招收提供网络支持、应用开发、数据可视化和视频制作等专门技能的技术人员，形成固定运作范式，规范高校图书馆数字学术服务。最后，高校图书馆还应制定数字学术服务人才培养规划，通过专题培训、线上线下学习等方式加强专业人员的培养，不断提升馆员的数字学术服务能力。

3. 基于用户需求开展服务

数字学术服务是高校图书馆服务发展的主要趋势，转变服务理念和基于用户需求是开展高校图书馆服务的基础指引。高校图书馆的数字学术服务同时要满足科研人员多元化与个性化需求，将平台、内容、学术服务工具进行集成整合，提供一站式学术资源服务。高校图书馆以科研人员的需求为导向，以数字学术服务作支撑，致力于促进学术交流，完善图书馆数字化功能。

4. 加强多元跨界合作机制

后疫情时代下，科学比以往任何时候都更需要团队合作，要积极将多个学科、区域聚集在一起，通过合作项目或课题，推进多层次的数字学术合作。21世纪，利用当今信息技术令人惊叹的飞速进步，全球的研究机构及其他参与方正在走向一个新型开放的学术生态系统。高校数字学术服务过程中不仅要与学校院系、教学相关部门以及不同的机构建立良好的联系，还要积极与国外相关部门搭建协同合作桥梁，推动各方互助互惠和组织服务优化发展。多元化的跨界合作交流可以克服障碍，并将开放科学作为整个科学界的默认模式，从而确保学术成果的免费可获取性和可用性，包括学术出版物、科学研究产生的数据以及用于生成数据的方法，也包括代码和算法，从而促进学术交流。

5. 构建学术信息资产体系

随着数字学术环境不断丰富，学术研究评估体系发生重大改变，促使科研人员不能仅仅局限于传统学术交流渠道，还需求充分应用其他新型学术交流渠道来提升学术影响力。高校图书馆应不断增强和扩展在创新性的学术交流生态中的角色和作用，让学术交流主体回归学术界，学界而非出版商主导未来的学术交流。高校图书馆要抓住机遇拉近和学术交流主体的距离走向学术交流链顶端，培育开放的学术交流生态，从图书馆业务扩展至参与全社会开放科学活动的业务和服务。高校图书馆要从单纯的资源建设走向知识管理和知识共享，从传统的馆藏建设走向扩展的学术信息资产体系建设，通过学术信息资产体系的构建推动学术信息环境的融合与再造，不断迭代以适应正在演化中的新型学术交流生态环境，应对高校的发展愿景、需求和趋势。

五、高校图书馆数字阅读微服务

（一）数字阅读的含义

基于大数据时代背景，移动智能设备开始得到普及，逐渐进入各家各户，在阅读形式中，数字阅读也开始发展为主流，无论是在生活及工作中，还是在学习过程中，都与数字阅读有着较高的管理度。但是针对数字阅读来说，各个研究学者的理解还存在一定的差异。有学者认为数字阅读就是将阅读变为数字化，具体来说，就是借助数字设备进行阅读，而且是将语言符号当作基础的数字化内容。有学者提出数字阅读是通过数字阅读设备，借助网络在线的方式来获取有关的文本内容的行为。也有学者提出，从广义上的数字阅读来看，它是通过数字化形式进行传播的过程，无论是载体还是形式，数字阅读可依托于数字化终端，也可依托于各种技术手段，抑或是交互式的社会阅读及私密的个人阅读。通过分析学者的观点，数字阅读就是将阅读设备及内容转变为数字化的形式。随着数字阅读的深入发展，人们也开始接受该阅读方式，对于高校图书馆而言，它是数字资源的聚集处，因此，其具有一定的推广义务，应当积极完成数字化目标。

（二）数字阅读的特点

1. 不被时空约束

因为数字阅读并不依赖纸质载体，可通过各个阅读终端来实现，特别是移动终端，如手机阅读等，能够随时随地进行阅读，这彻底突破了原有媒介的时空限制。伴随智能手机的普及，人们也开始接触并使用数字阅读模式，使其逐渐发展为阅读的主要方式。

2. 节省时间

通过网络在线的方式进行阅读，读者可节省前往图书馆选书的时间，仅需在书目检索中录入关键词，就能查到读者所需的图书信息。基于大数据环境，大多数的书籍信息已完成分类数字化，读者进入阅读设备就能看到分类的信息，可以减少查找的时间。随着社会的深入发展，社会节奏也越来越快，因此，数字阅读有着不可比拟的作用。

（三）图书馆数字阅读微服务的意义

伴随各种各样的智能化工具的普及，图书馆的阅读推广工作也逐渐向个性化、智能化以及高效化方向发展。在大数据时代背景下，图书馆可申请微信公众号和微博等，有利于帮助读者查找资源，为他们提供导航。对读者而言，他们可借助扫码或者关注公众号的方式进入公众平台，随后完成下载、查询等相关操作。通过构建微服务平台，图书馆可以结合每个读者的特征，给予他们相应的个性化服务，读者借助该平台也能满足自身的个性化需求。图书馆可以帮助读者更好地了解所需信息，以便为他们提供准确的服务，进一步提升社会大众对图书馆的认知度。借助该平台，图书馆能够与读者进行有效交流，且不会被时间及空间约束，在这一平台上读者可以查找对应的图书资源，拉近读者与图书馆之间的关系，有利于提升图书馆的服务水平。为构建微服务模式，图书馆应满足时代发展的要求，做到与时俱进。微服务模式可以说是一种相对个性化的服务模式，在该服务模式下，读者可以对图书馆服务有一个直观的认识，提高他们的认可度，同时，针对读者提出的问题，图书馆也能及时做出回应。对图书馆而言，在该模式下可以利用网络技术把有关图书信息传播出去，有利于进一步挖掘图书馆资源，而且可以针对不同读者完成信息发送，能精准地满足各个读者的服务需求。以此为前提，可以促进图书馆服务的多元化发展，有利于吸引更多读者群体。

第三节　大数据下高校数字图书馆信息服务的发展

一、数字图书馆智能化服务

（一）数字图书馆智能化服务的特点

以人为本的服务理念。数字图书馆智能化服务的根本宗旨便是以人为本，以人为本更能彰显出数字图书馆智能化服务的核心价值。关于以人为本的服务理念，其主要体现在两个方面：

（1）从供给方面来分析，数字图书馆的根本价值是为广大读者提供知识服务，而智能化服务必须以知识服务为基础，以知识服务为本质，提供智能化服务，这样一来便可以在更大程度上实现馆藏资源和知识信息的增值。在这一过程当中，图书馆的工作人员扮演着至关重要的角色，以人为本服务理念的第一执行人员便是图书馆的工作人员，他们在提供服务的过程中所展现出的专业技能、职业素养以及综合能力会在极大程度上影响着读者对图书馆智能化服务的印象和评价。因此，图书馆建设与发展过程中一定要注重人才的引进和培养，要高度重视图书馆人才队伍的建设与发展。

（2）从需求方面来分析，数字图书馆智能化服务的需求方或者所服务的对象是广大读者，因为，图书馆工作人员要从读者的实际需求出发，对不同身份、职业以及不同兴趣爱好的读者进行分类，进而为不同读者提供针对性的服务，做到想读者之所想，满足读者不同的阅读需求，让读者在图书馆里面感受到更多的满足感，带给读者更好的阅读体验。

（3）智能化的服务手段。数字图书馆智能化服务的重要标签之一便是智能化的服务手段，智能化服务手段得以实施的重要基础便是先进的智能技术。数字图书馆智能化服务的本质是将智能技术充分应用到图书馆服务的方方面面，实现数字图书馆智能化建筑和智能化服务的充分融合。举例说明：数字图书馆中会增加诸多的智能化技术元素，例如创客空间、3D 打印、智能照明等等，这些都是建立在先进技术力量基础之上的。还有便是图书馆智慧云平台、图书馆互联网、图书馆在线注册、智能定位、WiFi 的覆盖率、RFID（射频识别技术）、P2P 的灵活运用，也都是比较具有代表性的智能化服务手段。

（二）数字图书馆智能化服务模式的问题

（1）信息安全问题。数字图书馆智能化服务模式是建立在先进互联网技术基础之上的一种新型服务模式，该服务模式在实际运行过程中会涉及图书馆内部海量的运行数据，也包括成千上万的读者用户的个人信息资料，如果这些信息资源一旦泄露，其后果不堪设想。目前，相关单位或者部门还未能寻找到一个有效解决信息安全问题的方式，现实中数字图书馆的网络安全问题暴露得越来越明显。

（2）智能化推荐服务。数字图书馆智能化服务当中的一项核心服务功能应该是推荐服务，即为读者提供适合他们需求的书籍，可是从实际服务情况来看，数字图书馆的推荐服务焦点都集中在了各种各样的书籍上面，并没有关注到不同读者的不同需求，也没能给予读者需求精准的行为，导致推荐的书籍与读者需求匹配度并不是很高，这对于读者阅读感受来说有很大的影响。

（3）技术挑战的难度。数字图书馆智能化服务模式得以施行的重要基础便是先进的科学技术，只有以强有力的技术手段作为依托，图书馆的智能化服务才能得以顺利落实。从当前数字图书馆智能化服务对先进技术的利用情况来看，其中有很多技术领域的难关未能得到有效突破，虽然目前并不会影响到智能化服务的质量，但是未来伴随着读者对阅读服务需求的不断提升，如果不能从根源上解决这些技术难关，其必然会在不同程度上影响到服务质量，同时也会影响到读者的阅读感受和体验。

（4）图书馆工作人员的专业技能水平。数字图书馆智能化服务模式需要的是高素质服务人员，他们不仅仅要具备专业知识和技能，其还需要对先进技术设备的应用操作熟练，要能够自如应用各种先进技术设备来为广大读者提供服务。当前在数字图书馆提供智能化服务的工作人员虽然在工作态度上很认真，主动服务意识也很强，但是，其对专业技术设备领域的认识还是很少，应用各种信息技术的水平更是比较有限，这也是影响数字图书馆智能化服务质量的一大阻碍因素。

二、数字图书馆信息交互服务

新型网络技术环境下，用户的个性化意识和参与度得以提高，将交互设计更好地嵌入到图书馆服务中，优化用户体验是提高图书馆信息服务质量所面临的最大挑战之一。面向图书馆信息服务的用户体验除了体现在功能性和信息性两个层次上也体现在用户的情绪反应上。传统的用户体验研究更注重对外在因素的研究包括信息交互、信息构建等方面，而忽视了对内因情绪反应的研究，也就是用户体验的情绪层面。然而，情绪是一种态度、一种心理感受、是一种生理反应的主观感受、是心理变化和生理活动，对人的整体体验产生至关重要的影响。目前，一些用户体验研究领域的学者已经意识到这一点，开始关注用户的情绪体验，也产生了一系列研究成果。主要包括:（1）用户体验量化中情绪量表的构建研究;（2）影响用户情绪体验的因素研究;（3）用户情绪体验量化维度和类型的研究。当前有众多测量情绪的量表，包括 PAD 情绪量表、差异情绪量表 DES、积极—消极情绪评价量表及其扩展版本 PANAS、PANAX 等;一些学者也提出图书馆用户的情绪反应可分为直接影响因素和间接影响因素;关于情绪体验量化的维度也有涉及：情绪三维度、情感体验的三种类型（愉悦度、唤醒度、优越度）、三大类情绪（鼓舞、负面、温暖）等。尽管在用户体验领域中的情绪体验已受到重视，但在图书馆信息服务领域中，针对数字图书馆用户的情绪体验研究仍未获得足够重视。

第四章　大数据下高校智慧图书馆信息服务

本章内容为大数据下高校智慧图书馆信息服务，主要从四个方面进行了介绍，依次为智慧图书馆、高校智慧图书馆信息服务、大数据下高校智慧图书馆信息服务体系、大数据下高校智慧图书馆信息服务的发展。

第一节　智慧图书馆

一、智慧图书馆概述

新时代背景下的"智慧社会"，与科技强国、航天强国、质量强国、交通强国、网络强国、数字中国一道，成为新时代中国梦的主要构成。智慧社会起源于智慧社会化，是人类社会发展历程中的一次系统性、全方位的变革。

《辞海》中"智慧"是对事物能认识、辨析、判断处理和发明创造的能力，或曰思维能力。"智"、"慧"都是指聪明、智谋，但智重智能、能力，慧则重秉性、聪慧。智慧图书馆是新时代的产物，是图书馆进入新时代呈现的新形态。

（一）概念

芬兰奥卢大学图书馆最早于 2003 年提出了"智慧图书馆"这一概念，随后多个国家加入了对"智慧图书馆"的实践研究之中，并且提出了多种理论，形成了百家争鸣的氛围。我国于 2010 年开始研究"智慧图书馆"，并于 2013 年开始加大了研究力度。

如今人们已经对智慧图书馆开展了大量研究，相关学者对智慧图书馆具有自身独到的见解。有的研究人员指出，智慧图书馆是采用信息技术，将数字技术与绿色发展理念互相融合，进而实现高效、便利与智能化的信息服务。有的研究人员认为，智慧图书馆是基于互联网、智能设备从而开展智能化服务。综合分析，智慧图书馆是从人的角度出发，使得每一位读者都可以随时随地阅读到自己需要的数据，获得相关信息的帮助。它的一大亮点就是打破时空与设备条件的制约，使图书馆的服务更加人性化，帮助用户在最便利的条件下从海量信息之中提取出最有价值的信息。

（二）特征

1. 智慧感知

智慧图书馆是 5G 技术深度融合 AI 技术、物联网、云计算、大数据等新一代信息科学技术的产物。智慧图书馆信息系统架构面向高度的智能自助、智能感应、万物物联等高层级设计，使得图书馆的职能、社会功能体现高度智慧化的特征。智慧图书馆的知识服务则全面面向智慧感知，使得智慧图书馆全面地融入大众的生活。

2. 立体互联

在 5G 技术商运以前，互联网图文信息共享是主要特征。而 5G 环境下的智慧图书馆的信息传播体现了视频信息的主体地位更加明显，使得信息共享更加立体化、知识服务更加多元化，人们获取信息方式和接受信息的形式也更加多元化。读者和图书管理员在智慧信息系统平台下可以实现更加立体的信息互通，具有典型的立体互联特征。

（三）本质属性

图书馆存在着不变的固有属性，这就是图书馆的本质属性。本质属性是指事物对象有决定性意义的特有属性，且不以社会意志为转移，本质属性不仅是事物所有属性中最根本的，而且是把此事物与彼事物区别开来的根本属性。

智慧图书馆以多源数据载体的采集、组织、存储为基本要义。伴随着数据成本迅猛下降、新数据源的出现，以及数据采集技术的更新发展，图书馆大数据逐步呈现出数量繁杂、结构多样化和流动性强的一些特征。以大量的非结构化数据包括文本、图片、视频、音频等数据作为基础和支撑，智慧图书馆一如既往重视对馆藏资源的智能化建设和数据存储，提供智慧化服务，这是智慧图书馆不受环境影响的、属于自身本性并决定自身发展的本质属性。

人类社会文明的进程归根到底就是认知记录与记忆的过程，后者的物质载体主要由图书馆保存与传承，目的是实现人类文明的社会记忆。智慧图书馆的智能化水平是随着数字化、智能化进程不断提升，社会记忆性的社会化内在要求赋予智慧图书馆保存与传承的秉性是不变的，社会记忆性是其本质属性。

记忆是人的认知，社会记忆实质上是人的记忆集体化与社会化，目的是揭示人们对社会事物与社会现象的记忆与流传。有学者认为社会记忆是社会借助媒介保存、流传下来的记忆。

社会记忆是人类历史记录与揭示的过程，是人类社会活动内在性记忆的机制。社会记忆性则是包括机构组织和人的社会群体具有社会意义的记忆属性。人类社会的生活通过不同的载体被记录下来，有的被文献记录，有的转化成声音或者影像形态被记录，而这些被记录的载体，反映着人类社会的过去、现在和未来。这些记录每天都在流逝，这就是人类遇到的问题。社会的记忆代表着一个民族的文化，一个地区的精神，它的价值在于保持着一个民族的文化特性，塑造民族未来的价值观。

有学者指出图书馆就好像人的脑子，是社会上一切人记忆一切的公共脑子，明确图书馆是人类的记忆或社会的大脑。有学者提出图书馆延伸了人脑的记忆功能，是一种社会记忆装置，这一观点更为具体和形象。也有学者指出图书馆是社会记忆的外存和选择传递机制，智慧图书馆是智慧时代社会信息、知识、数据的记忆与扩散装置。图书馆是人类知识记忆的公共装置。另外，图书馆作为社会记忆装置对集体记忆的建构，是人类一切有价值文献的贮存机制，而图书馆功能的社会记忆属性是其自有的。

社会记忆性是智慧图书馆区别于其他相关组织及其形态的根本。智慧图书馆作为智慧时代重要的社会文化基础设施，是为社会生产和人民生活提供数字化、智能化文献信息保存机制与工程。文献是社会记忆的主要载体，人类社会的文明通过文献载体被记录下来，进入图书馆馆藏体系，呈现多元化馆藏体系的特色，纸电一体、实体文献与虚拟文献一体，被赋予人类文明传承的社会担当。

社会记忆性是一个抽象概念，但可客观感知，核心元素收藏与传承决定着图书馆的基本职能，成为智慧图书馆职能体系构建的基础。收藏和传承是社会记忆的基本内涵。有学者提出图书馆是文化与知识传承的重要社会载体，有学者认为图书馆的本质是人文的，图书馆的历史使命是传承人类文明。

收藏与传承原本也是图书馆作为社会事物存在的基本矛盾，存在于文献信息资源采集、组织、收藏与利用的过程之中，致力于文献信息资源的完整性、系统性以及与用户信息需求的关系构建。智慧社会时代，智慧图书馆仍是以文献信息资源的完整收藏与系统传承为基础，收藏与传承也是智慧图书馆的基本职能，是由智慧图书馆的本质属性所赋予的，成为社会记忆性的概念内涵和属性前提。收藏是基础，是图书馆发展的基始；传承是目的，是人类文明延续的根本；收藏与传承互为动力，是图书馆存在的根基，使得文献信息在特定的信息资源时空结构中，成为社会发展的基础。由此，图书馆的本质属性最大限度地得以体现。

智慧图书馆对各类载体文献资源的收藏即一次文献数据收藏是智慧图书馆的本质属性所赋予的，关乎人类文明传承的基础支撑。智慧图书馆通过文献信息数字化、智能化实现一次文献数据的采集、收藏、传承。数字化、网络化和印刷型文献的保存以及对于数字文化（如博客、微博、网站网页、社区论坛、微信公众号内容信息）的保存都是其历史使命和社会责任的要求。智慧图书馆建设对于智慧图书馆数字化、智能化承担的网络数字文献信息的长期保存担负着重要的、独特的、无以替代的社会责任。

智慧图书馆作为当代社会的文化基础设施，承载着纸电一体、网络数字文献收藏与传承的社会责任。智慧图书馆的本质属性是社会记忆性，是图书馆在智慧时代的社会适应性，文献收藏与传承在智慧时代的互动性与协调性是智慧社会时代赋予图书馆的基本职能。

（四）主要内容

智慧图书馆超越了数字图书馆、移动图书馆和智能图书馆的发展范式，以智慧服务为发展驱动，将人的智慧作为图书馆的主导和关键，将智能技术与馆员智慧有机结合，构建了富有生机和活力的图书馆环境。

1. 读者服务模式

以读者行为的精准感知和评估分析为基础，挖掘读者需求及阅读习惯，推动图书馆服务体系建设、全面提升读者体验则是智慧化图书馆服务模式的具体内容。

2. 数据采集及挖掘

大数据时代就是数据信息采集、存储和深入挖掘的时代。大数据时代下图书馆相关信息均已实现互联，因此其信息数据也不再是传统的单一形态或者相互独立，而是彼此关联。图书馆在数据整合过程中，拥有的海量数据也为智慧图书馆提供了宝贵的信息基础，可以从中对用户的行为特征、信息需求等关键信息进行分析，以此提供个性化的知识服务、学科化服务。

3. 服务与管理智慧化

数据驱动是智慧图书馆的又一重要特征。智慧图书馆服务最重要的特点是精准，只有基于数据信息的分析与挖掘，准确把握读者阅读习惯和具体需求，才能准确地提供智能化信息和知识服务。如根据读者查阅信息的数据分析得知其关注的信息和知识类别，甚至掌握其阅读的进度，实现智能图书检索和主动推送。另外，依托海量信息的收集和挖掘分析，优化图书馆管理流程和服务方式，指导图书采访、优化馆藏布局等工作。

4. 采集及分析读者行为

在智慧图书馆中，从读者进入图书馆起，其所有行为数据都将得到有效采集。通过智能人脸识别和定位系统，可以准确掌握读者信息及其滞留时间和行动轨迹；通过数据信息采集系统，可以了解读者检索查阅信息的内容。对于读者通过云端登录图书馆，其登录时间、地点、查阅信息等行为轨迹第一时间均可掌握。这些基础数据将是提供点对点智慧化信息服务的重要基础，而读者行为的综合比对和分析，又将为资源的智能采访、馆藏设置、楼宇布局及动线设计、服务流程优化等管理创新提供重要依据。

5. 信息数字化与互联互通

数字图书馆、智能图书馆是智慧图书馆建设的基础。图书馆的资源、读者、服务和管理信息等均要实现数字化，这是实现智慧图书馆的基本条件。在此基础上，通过现代通信和互联网技术实现相关信息的互联互通，让与图书馆有关的信息、读者、服务以及管理资源均成为网络上的节点，并彼此影响、相互作用，这也是智慧图书馆最主要的特征之一。智慧图书馆则基于该信息网络，充分收集相关数据并进行系统化分析，从而为后续的智慧化服务和管理提供数据支撑。

6. 读者信息服务模式智慧化

在智慧图书馆中，由读者主导信息服务的形式将得到最大幅度的弱化，反而更为倾向于由数据和信息主导，通过读者行为的采集和分析掌握读者的阅读需求和习惯，进而主动向其推荐合适的图书与知识信息，实现智能化图书推荐；在读者检索知识信息时，提供智能化的检索服务和知识咨询；根据读者的阅读需求和行为习惯，基于图书馆数字资源为其构建线上虚拟个人图书馆；甚至可以根据其线下书籍借阅和归还的周期以及线上信息检索查阅的时间，推算出其日阅读量以及阅读习惯，为其提供阅读提醒、阅读行为改进建议等方面的服务。

二、智慧图书馆与校园文化建设

近年来，随着越来越多的高校重视智慧图书馆的建设，尝试着利用移动互联网技术来提升图书馆的信息服务能力和范围。例如运用 LBS 技术来增加图书馆排架位置视图功能、使用智能交互系统来完成智能识别和对用户的认证等，在图书馆的建设之中加入对这些高新技术的运用，不仅可以有效提高用户获取信息的效率，而且对于校园文化的建设也具有重要的意义。

（一）在校园文化建设中智慧图书馆是主阵地

高校图书馆作为校园的文化中心和信息基地，承载着校园文化建设的重大使命。尤其是在当今智慧图书馆建设的时代潮流面前，高校应努力将图书馆打造成校园内的"第二起居室"。通过不断地整合现有的文化资源，对文化种类和样式进行分类整理，从而提升服务的质量，激发起学生学习的激情。此外，还可以将图书馆作为开展各种社团活动和学习活动的场所，来进行技能交流和知识传播。将智慧图书馆打造成校园内的文化综合体，从而使得图书馆不仅可以满足全校师生获取知识的需求，还能够具备休闲娱乐以及文化交流等功能，充分发挥出图书馆作为校园文化建设主阵地的作用。

（二）在校园文化建设中智慧图书馆是有效窗口

在建设校园文化时，高校还应本着"以人为本"的教育理念。归根结底，校园文化的基础源于全校师生的基本需求，即文化精神需求。它是一种在校园文化建设过程中，可以实现不断提高的文化活动，而图书馆的服务主要包含文献服务、信息服务以及知识服务三大方面的内容，其本质是和校园文化建设的理念完全契合的，因而智慧图书馆可以作为校园文化建设的窗口将校内育人工作和外部社会环境联系起来，建立起一种互动传播的关系，从而使校园文化建设达到事半功倍的效果。尤其是在当今数字化时代，随着网络技术和新媒体的发展，图书馆的文献资料内涵得到了极大的丰富，同时也使得图书馆的信息内容形式更加多样化，可以增加其对读者的吸引力。此外，智慧图书馆最为突出的优点是可以实现人物之间的互联。基于此功能，其不仅可以为用户提供书籍借阅服务，而且还能实现图书与用户之间的互联，从而跨越空间和时间限制，使用户可以随时随地享受到智慧图书馆所带来的服务。

三、智慧图书馆与 5G 技术

5G 即第五代移动通信技术，具有高速率、低延时、低功耗、移动性和广覆盖等特点，与人工智能、大数据、物联网、区块链等技术进行融合发展，正在引领人类新一轮的科技和产业革命。各行各业智慧化建设，如智慧交通、智慧校园、智慧城市、智慧医院等应运而生。图书馆界也积极探索 5G 技术在图书馆中的应用，进行智慧化图书馆的变革。图书馆作为文献信息中心和资源服务场所，主要职责是对知识进行挖掘、分析、重组,为用户提供知识服务,在5G背景下探索如何建立知识服务新模式、创新知识服务路径是推进智慧图书馆建设的必然任务之一。

(一)5G技术

1. 概述

在移动通信领域,1G技术实现了模拟语音通话,2G技术实现了语音通信数字化,3G技术实现了图片等多媒体通信,4G技术实现了局域高速上网,5G即第五代通信移动技术则使用了大规模MIMO技术、非正交多址技术、新型调制编码技术、网络切片技术、边缘计算技术等多种关键技术,有了更快的速度、更稳定的连接,实现了更智能、更互联的世界。与4G技术相比,其有以下几个显著特点:

(1)高速率。现有的4G平均速率为25Mbps,而5G平均速率达到100Mbps,最高可达20Gbps。一些网络速度高的应用如VR/AR、超高清视频传输将不再受限制,提高用户体验感受。

(2)低功耗。延长设备充电一次的使用时间,增加用户使用物联网产品的黏性。

(3)低时延。4G技术的时延在10—50ms,而5G技术可降低到0—1ms,大大拓宽了应用领域。

(4)万物互联。多个终端设备之间都可以实时连接、相互通信,为用户带来各种便利。

(5)移动性。5G技术可以适应移动环境,移动速率支持大于500km/h,为移动式、泛在式服务提供可能。

2. 网络特征

(1)高传输。5G网络环境下,一份文件的下载速度只需3秒即可完成,它的速率是4G网络的10倍。高传输速率会带给用户更好的网络访问体验。

(2)高兼容性。5G网络可以兼容多个移动终端同时访问一个物联网终端设备,且不会发生卡顿问题。它良好的兼容性既保证了用户访问网络的稳定性,又为信息平台信息及服务功能的融合提供了更大的发展空间。

(3)大容量。5G网络的容量相当于4G网络的1000倍,能够同时容纳更多的物联网终端设备和更高要求的互联网需求。

(4)低延时。5G网络延时仅有4G网络的1/10,融合多种新一代信息技术时的网络延时最多不超过1秒。它可以满足更高要求的信息融合管理。

（5）安全性高。5G 网络的用户重点采用了先进的荚膜技术，有效地提高了用户访问网络的安全性，加强了对于用户信息的保护。

（6）多场景应用的特征。5G 网络在泛在网络上的应用范围更广，支持多种业务及 eMBB、uRLLC、mMTC 三种应用场景，可以涉及更加深层次的网络覆盖层次。

3. 应用价值

5G 技术应用实现了智能感应、智能学习、大数据、物联网、云计算等业务及服务能力的整合，实现了各个领域所有信息及业务的大融合，为各领域业务及服务创新提供了全新的突破口，进而间接地提高了社会生产、流通及服务的效率，开启了社会各领域的智慧发展之路。

4. 5G 与区块链技术

5G 和区块链技术于实际运用之中各有优劣，5G 的优势主要表现在较高的数据信息传输速率、广泛的网络覆盖面积、较低的通讯时延与大量的设备并入，其不足之处主要是隐私信息安全、虚拟知识产权保护等方面存在隐患；区块链技术主要是突破依赖中心机构信任背书交易模式，利用密码学的方式为交易去中心化、保护交易信息的隐私性、防止篡改历史记录等在技术上提供一定的支持，其劣势主要是较高的延时、较慢的交易速率、基础设备要求高等。移动互联网的速度因 5G 技术的到来发生了跨越性的突破，但其也有十分明显的问题。一方面，5G 网络之中的设备具有互联性，这些处于网络中的部分设备可能存在恶意破坏的行为，而区块链在用户信息隐私安全、线上交易信任确立等方面具有明显的优势，并且不可篡改性、不对称的加密算法等区块链的特性可以辅助 5G 将底层通信协议中部分短板问题加以解决；另一方面，互联设备交易因 5G 的运行使其增长速度呈裂变态势，这种增长程度于当前的中心化基础设施而言承载能力不足，然而去中心化的区块链优势中具有不可篡改性和在不信任实体间创建共识，显而易见，物联网设备间的纠纷可应用区块链来解决。反之，5G 所具备的功与性能上的优势能够有效地促进区块链的发展。5G 并非只是提升了网速，还能支撑几十万节点的并发连接，运用智能合约如此多的节点能够实现自行交易。区块链的鲜明特点有智能合约、不可篡改、可追溯，但上链数据的真实性在这些特点之下得不到保障。物联网在 5G 技术下，能够将区块链密切地连接实物。网络覆盖面因 5G 技术而广泛，甚至可扩大到偏远区域，提供给动态设备更多的连接，降低了边缘计算辅助的延迟使公有链的节点数进一步提升，因此，提高了运用区块链的网络参与度，这也使得区块链的安全性和去中心化程度大幅度增强。

在万物互联的背景下，数据的传输因 5G 技术的到来而更实时与高速，物联网中设备之间的大规模协作在区块链技术的支撑下解决思路去中心化。5G 和区块链的相互辅助，区块链由于 5G 技术而实现快速大规模落地，反之，5G 也因区块链技术而使其发展的高效性和安全性更有保障，这都有利于变革现有图书馆的服务模式。

（二）5G 技术下智慧图书馆的发展

1. 信息资源方面

图书馆是文化产业领域的重要公共服务中心。它主要承担着文化传播的功能。对于图书馆而言，信息资源的多样化是保证文化产业活动多元化的前提条件。5G 环境下，图书馆的信息载体将以更加多元化的形态向人民展示，包括视频、动漫、音乐、电子图书等等。而在视频方面，也更加多样化。包含 2k/4k 视频、3D 视频、VR/AR 视频等。进一步将 5G 环境为图书文献信息资源形态多样化提供了契机，也为相关的文化活动及数字产品创新提供了更多的展示方式。

2. 信息存储方面

传统的图书馆资源存储以纸质媒介为主。5G 环境下将促进数字图书馆的发展，推动图书信息的存储从纸质媒介实体化向数字媒介虚拟化转型。这种虚拟化的图书信息存储方式有效地扩大了智慧图书馆信息存储的空间，增加了图书库信息存储的密度。同时，信息存储虚拟化还会带来资源管理向远程化、一体化、智能化转型，一方面为图书馆开展数字化产品活动和智慧图书馆管理奠定了基础，另一方面极大地提高了公共图书馆管理的效率。

3. 功能服务方面

5G 环境的发展对于公共图书馆而言，将迎来异常全新的服务变革。这种变革体现在图书馆服务的各个方面。第一，图书馆的入馆引导将趋向于自主化服务；第二，图书馆的借阅管理将趋于自动存储方向；第三，图书馆的知识检索服务将趋于大数据整合下的智能化、系统化检索；第四，文件参考咨询将趋于动态化、实时化发展；第五，数字阅读信息推送将趋向于大数据分析下的精准化服务，且表现出智能化、主动化的特征。

4. 信息传播方面

5G 环境下，数字化图书馆的传播能够突破各种信息资源进行跨平台的快速、高效、精准的传播。这种信息传播的高速化打破了传统图书馆信息文字化的传播，而是以更加多元化的视频信息传播为主。未来，在 5G 环境下智慧图书馆从超视频化信息传播的应用场景将超过 80%，成为图书馆文献信息传播的核心体现。在信息传播管理上，有了 5G 技术的加持，信息传播智能化的特征将更加明显。

5. 用户阅读方面

传统图书馆在功能服务上的创新受到最大的调整在于难以打破空间业务形态上的限制。5G 环境下，数字阅读在高速度、低延时、大容量移动网络加持下，可以打破阅读空间的限制，创建虚拟空间，以多种业务形态方式开展数字阅读活动，给用户创造跨地域、跨物联网的沉浸式的阅读体验，从而刺激用户积极参与数字图书馆背景下付费阅读、付费学习活动。

（三）智慧图书馆发展中面临的挑战

1. 线上线下不衔接

长期以来数字图书馆与实体图书馆、线上与线下服务处于互不相干的"两张皮"现象。从信息处理来看，图书编目与数字资源编目常常是两个部门，不容易整合在一起。从服务方式来看，图书借阅和网上服务在大多数图书馆也是分开进行的。以前上海图书馆有专门的网络服务部，后来觉得这个设置不好，因为这样下去的话始终会变成两张皮。所以现在上海图书馆将其整合起来，要求阅览部门的同事也要从事数据库等网上的服务。虽然图书馆目录系统与资源发现系统有整合的趋势，有的图书馆采用创新方式通过建设主题共享空间将相同或相近主题下各种不同载体的资源整合在一起，但总体而言，这两大形态的服务仍属于"两张皮"，需要很长的磨合过程。

随着智慧图书馆的推进，本地资源和专题资源建设将变得越来越重要，每个图书馆都将成为"全球知识库"的一分子，不再求"全"，而向求"专"的方向发展，各个图书馆的真正价值反映在其馆藏的精、特、奇上。如果说图书馆是社会或社区文化和精神象征的话，那么由于区域社会和文化的不同，每一个图书馆都是不一样的，未来图书馆将不再千篇一律，而是千姿百态，人们通过图书馆，就可以了解当地社会或社区的文化。未来本地资源和专题资源的建设不再按传统纸本书处理流程，而是按知识流展开，从收集、编目到流通、保存等整个流程的工作都可能在一个主题部门或由一个或数个主题馆员完成。这就要求图书馆以知识服务为主导，按知识流对整个业务实施虚拟与实体、线上与线下的有机整合与再造。

2. 需要运用信息技术

智慧图书馆信息化建设以 5G 技术为背景，需要进行多技术、多业务融合的构建。目前，在指挥图书馆建设方面，5G 技术、物联网技术、大数据技术、云计算技术的应用及维护是最大的障碍。目前，我国5G技术商运还处于发展的初级阶段，缺乏智慧图书馆数字阅读服务融合技术的支撑。此外，公共图书馆数字化建设必然走向信息跨平台、跨物联网等等的信息融合。信息安全管理工作也是智慧图书馆信息平台未来维护中面临的最大困难之一。

3. 数据库之间缺乏链接

在过去的几十年里，全国各级各类图书馆建设了无数个数字图书馆或数据库。由于库与库之间缺乏连接，形成了一个个"数据孤岛"，而且重复建设的情况时有发生，有的图书馆明知其他图书馆拥有全文数据但为利用方便还要自建，再加上各馆数据质量与规范的问题，数据资源的重复和浪费现象相当严重，造成"一加一小于二"的不良效果。这次智慧图书馆建设，千万不能再像过去一样，出现又一轮新的"数据孤岛"，还是要充分发挥"智慧之力"，将全国学术与文化资源有机地连接和整合起来。

4. 要考虑用户个性化服务

长期来图书馆习惯于一体适用、你问我答的服务方式，很少考虑个别读者的个性化需求。其实每一位读者走进图书馆，都会有自己的需求和意见，而传统图书馆的服务方式无法满足他们的个别需求。智慧图书馆的长处之一是精准服务，重视用户的个别需求，其服务随需求的变化而变化。在联盟合作上，要防止"一刀切"的简单化合作模式，在制定政策的时候切忌忽略个别馆的个别需求。每一个图书馆都会有一些本地专藏或独特服务。智慧图书馆就应充分利用智能技术使这些独特的资源价值最大化。同时，也要克服自上而下的层级式管理方法，让每一个成员馆都以主人公的姿态参与管理和服务。

5. 智慧图书馆建设投资问题

我国图书馆的建设经费均来源于财政分配，而数字图书馆的建设经费则来源于图书馆配额分配。智慧图书馆的建设在前期无疑需要投入大量自助设备、智能机器人、技术性人才等。这些都需要大量的资金投入，而资金不足也成为当前面临的重要挑战之一。

6. 管理人员数字化水平不足

进入智慧图书馆时代，图书馆的建设、管理对技术型人才的需求较大。我国高校图书馆虽然整体人员队伍非常壮大，但传统图书馆管理和智慧图书馆管理对人才的需求存在较大的差异。智慧图书馆需要的是高水平数字化管理人员，以及能够满足智慧图书馆建设及维护管理的新一代信息技术型人才。目前，我国高校图书馆在技术型人才方面明显不足。一旦进行图书馆岗位人员大调整，将有一大批的图书馆管理员面临着失业。不仅如此,智慧图书馆还面临着相应的组织架构调整,以适应现代智慧图书馆的智慧化管理及服务需求。

7. 图书信息管理中信息相关问题

数字图书馆版权问题是现代智慧图书馆改革中普遍面临的问题。这涉及知识产权保护问题。智慧图书馆大数据信息资源整合、业务融合面临的首要问题是如何解决媒介融合过程中版权信息避雷问题。该问题涉及作品资源、著作人等方方面面的影响。虽然信息融合会给用户增加良好的阅读体现,但同时也增加了图书馆信息融合存储和管理难度。这意味着智慧图书馆信息存储库存储及信息管理将向更加精细化的分类发展。

四、智慧图书馆建设

(一)智慧图书馆建设内容

对于智慧图书馆的构建,主要包括以下三个方面的内容:首先是基础设施部分,主要指的是图书馆内的各种信息设备、智能化设备和感应装置,他们构成了智慧图书馆的基本框架;其次是技术层部分,主要指的是一些系统应用,利用现代化的信息技术来对图书馆内信息资源进行全面的、智能化的处理,并通过智能采集、传递、存储等环节,对图书馆信息进行智能化的管理,它是智慧图书馆构建中的重要环节;最后是服务层部分,通过上述两个方面的建设,图书馆已经有了现代化的基础设备和先进的信息化技术手段,就可以为读者提供更优质的服务,在此基础之上对图书馆的服务系统进行智能化的升级,从而使得其服务的效率更高、服务质量更加优质。

(二)智慧图书馆建设的作用意义

1. 促进了科技创新

科技创新平台在全社会的科技创新工作中占据重要地位,建设完善的科技创新平台,不仅可以培养出更多创新人才,孕育出更多高科技项目,还可以提高全社会的科技创新能力,推进社会经济发展。智慧图书馆利用数字化技术推动图书馆转型升级,可以充分利用自身各项优势,为科技创新平台建设提供丰富信息资源和服务,加快推进科技创新平台建设。智慧图书馆的建设,可以使各个高校图书馆真正成为当地科技创新工作的辅助平台,助推科技创新工作加快发展,让智慧图书馆的优势最大化。

2. 促进智慧校园的建设

智慧校园的创建，不仅仅对于高校学生的生活方式和学习方式产生较大影响，也要满足高校学生日益提升的精神文化需求。图书馆在充实学生精神文化生活中扮演着重要角色，因此，高校图书馆的智慧化提升迫在眉睫。智慧图书馆的建设，是智慧校园建设的重要内容，是推进高校数字文化体系建设的重要构成，也是智慧校园文化建设的一个亮点。智慧图书馆是高新技术同优质服务的有机结合，进而为高校提供优质的文化服务，促进高校的均衡发展，这些也是智慧校园建设的重要构成。

3. 能够充分利用馆藏资源

智慧图书馆可以最大程度的利用自身资源，在数字文化发展背景下，它不仅仅可以使用户更为快速地获取信息资源，同时还可以满足人们对信息筛选的需求，从而对图书馆已有的资源进行充分的发掘与利用。基于扫描技术等，将现有资源数字化，图书馆提供的服务可以突破地点、时间的限制，便于用户获得所需信息。尤其是伴随着互联网技术的飞速发展，通过物联网以及大数据等技术的辅助，图书馆的资料数字化转型变得更加智能和精准。

4. 能够适应现代信息管理

随着科技进步和信息技术的迅猛发展，读者的信息需求也变得更加复杂和多样化，对信息的获得形式也有更高的要求。图书馆是最贴近读者生活的基本文化设施，然而其传统的信息交流模式已经不能满足读者的日常需求。尤其是在数字文化发展背景下，图书馆的建设策略也需要适时的调整，跟上时代发展的步伐。传统图书馆的信息资源包括书籍、文献以及报纸等，人们获取信息的方式也较为简单。智慧图书馆的出现可以打破传统、单一的信息获取模式，它通过对现有信息资源开展数字化改造，使人们可以利用移动设备、电脑等查询所需要的公共数字信息，极大地便捷了人们的日常生活，符合当前信息化发展趋势。

5. 促进图书馆服务水平的提升

在公共数字文化发展背景下开展智慧图书馆建设，能有效地提升已有图书馆的服务质量和水平。传统图书馆的功能为提供图书借阅，全部过程都是通过人工手动管理，这样难免会出现问题，导致图书的损毁和丢失。而智慧图书馆的建设可以很好地避免这样的问题，智慧图书馆作为图书馆功能的延伸，通过利用手机、电脑等终端设备，借阅者只需通过简单操作，就可以完成读者自助办证、查询和借阅图书，并接受读者自助还书，也可提供图书馆馆藏杂志、图书的定位功能和各项服务的自助预约，使整个借阅、归还的过程更加便捷与透明，为读者创造了便利、高效的良好借阅环境。

（三）智慧图书馆建设的三个核心问题

智慧图书馆是一个系统工程，涉及政策、规范、技术、服务以及人才等各个方面，这里我们重点讨论影响智慧图书馆发展的全媒体、平台化和新业态三个核心问题。

1. 全媒体

智慧图书馆首先要解决的是长期以来数字图书馆与实体图书馆之间存在的"两张皮"现象和"数据孤岛"的问题。智慧图书馆面向全媒体资源，通过资源与服务的整合，开展线上线下融合的知识服务。

"全球知识库"四位一体的内容建设战略与智慧图书馆是一致的。在较长的时期里，数字图书馆关注的主要是前两项，即实体资源和实体资源的数字化，而对原生数字资源和创新型数字资源的关注度不高。数字图书馆致力于传统馆藏的数字化再现，今天当学术和文化数据在互联网、大数据、云计算、人工智能、区块链等技术的推动下海量涌现的时候，再不去关注和管理这些资源的话，那么图书馆就只有坐等淘汰了。过去我们习惯于分别处理不同载体的资源，实际上所有载体的资源在收集、加工、流通和保存上都具有共通性。用传统的方式处理时，这些资源只在流通环节起增值的作用，因为它是一个封闭式的东西，只有在流通的时候才会产生价值。而在以智能方式处理的环境下，收集、加工、流通和保存的每一个环节都可以发生增值的效应，因为这所有环节都是在互联网条件下开放的。从严格的意义上来说，过去实体图书馆也好，数字图书馆也好，都是以收藏为主体的，到了智慧图书馆时代，增值将成为其主要目的。

2. 平台化

现在，我们要进一步让整个图书馆从门户网站向平台化发展，这是一个理念的问题。有学者提出，图书馆要转型，让图书馆像网络一样，用户不仅可以获得信息，还可以在网上建立自己的东西并增加价值。如今大部分图书馆都有自己的门户网站，通过网站向读者提供图书馆的消息、资源、检索以及各种服务等。一般而言，门户式服务是"我提供，你接受"的单向模式。但一些勇于创新的图书馆，努力使门户网站向平台化转型，创造各种条件让用户在接受图书馆服务的同时，与图书馆及其他用户互动、分享，并参与建设，像互联网一样，不仅提供资源，而且通过用户参与和互动增加价值。智慧图书馆为图书馆从门户向平台转化创造了有利的技术条件。

3. 新业态

传统图书馆与现代图书馆之间最大的区别是人在图书馆的位置。现代图书馆以人为主体，以连接为主要特征。智能技术为人与书、人与人、馆与馆之间的有机连接提供了便利。智慧图书馆将通过智能化的连接和增值方式，建立惠及全民的互联互通、开放共享的图书馆知识服务体系。

智慧图书馆正处于起步阶段，到现在为止既没有一致公认的定义，也没有现成的规范可参照。而且我们现在把智慧图书馆看作像一个实体图书馆那样，其实它是一个体系或者理念，强调通过数字化、智能化手段提高图书馆工作的效能和个性化的应用。智慧图书馆建设项目涉及诸如政策、技术、服务、人员等一系列问题，需要攻克的难题也不少。但有一点是肯定的，它将改变过去各自为政、单兵作战的做法，在"全国一盘棋"的大格局下，充分运用移动互联网、云计算、大数据、人工智能、物联网、区块链等新一代信息通信技术，将各级各类图书馆连接起来，将与图书馆相关的博物馆、档案馆、美术馆等的历史文化资源连接起来。

（四）智慧图书馆建设中存在的问题

1. 缺乏建设投入资金

如今对智慧图书馆的建设来说，首要问题为建设资金不足。智慧图书馆建设含有数字化改造、馆藏信息化建设、图书馆平台的开放与管理等，这些都需要大量资金支持。随着公共数字文化建设力度的提升，政府在文化事业方面的投资逐步加大，但是对智慧图书馆建设来说还是不够。

2. 智慧图书馆宣传工作有待提高

传统图书馆大多没有自身宣传意识和途径，导致在社会上的知名度不高。很多个人用户和企业用户在进行项目研发、科技创新时，没有向图书馆求助的意识，导致大量资源闲置。

3. 图书馆建设统一标准有待完善

各地相继开展智慧图书馆的建设，但是具体的标准难以统一，总体的建设水平存在一定的差异。同时，还存在重复建设、投资等问题，导致资源浪费情况较为严重，这对于整个智慧图书馆建设环境也是较为不利的。

4. 与相关文化部门的合作有待加强

公共数字文化背景下高校图书馆与科研单位和文化展览馆等机构具有同等重要的地位。但是目前存在的实际问题为，这些单位之间的协作较少，沟通互联工作不到位，导致现有信息资源没有得到充分利用。

5. 图书馆服务功能的重视程度有待提升

大部分智慧图书馆的在建设过程中，都着重建设数字资源和电子平台等硬件设施，往往很容易忽略对图书管理人员的专业技术培训及服务水平的提升，存在着管理人员业务知识不专业、服务主动性不强等问题，导致服务与其硬件配置不匹配。

（五）智慧图书馆建设策略

1. 技术方面

（1）树立互联网思维

互联网思维的建立，需要辩证地克服过去的传统思维，明确方向，统一思维。图书馆要加强员工学习培训，帮助员工充分了解互联网概念，培养创新意识，鼓励员工提出新思想、新思路。图书馆的感知系统必须基于物联网。物联网，即连接事物的互联网，是新一代信息技术的重要模块。在智慧图书馆之中的应用，提升了图书馆的管理效率与科学程度。智慧图书馆通过物联网技术开展自动识别、物品管理等，实时开展信息的交互，在智慧图书馆之中实现精确地人与物的识别；利用 RFID、传感器以及二维码等相关技术，搭建一个先进的管理框架体系；充分利用 RFID 技术，在进行图书馆图书归类、整理时，批量识别图书资料，大大提高工作效率。

（2）加强运用 5G 区块链技术

5G 环境下，智慧图书馆的智慧管理、智慧服务均需要在自助设备、自动系统的基础上开展信息安全交换，并实现万物互联的功能优势。它需要新一代信息技术深度的融合，并以此为基础，加强区块链技术的应用，以及智慧图书馆信息系统平台的构建。高校图书馆要利用 5G 区块链技术来扩大图书馆智慧服务的应用场景及其范围，创新应用模式。5G+ 区块链技术可以采用分布式结构设计，以及子数据库系统的构建，来系统图书馆信息的分类管理。通过一互联网技术、云计算、大数据技术、物联网技术、智能感应技术在高校图书馆区块链系统中的应用，构建智慧图书馆去中心化的分布式数据链，强化图书馆记账的安全性和记账效率，为智慧图书馆万物物联及互联设备交易奠定安全管理基础。

（3）构建互联互通系统及平台

建设智慧图书馆离不开新技术。利用大数据和互联网技术打造智能服务系统平台，融入全市区域信息化建设，实现互联互通、共享融合、融合创新；通过调查问卷等方式开展深入的调查，了解读者服务需求，重视读者反馈，在促进自身管理能力提升的同时满足大众的实际需求，逐渐完善服务框架体系模式，促进自身平台的完善提升。基于智慧图书馆的实际功能，提供优质化的现代服务，进而将现代科技与图书馆的信息资源有机结合。例如，在合适的位置提供放大镜、纸、笔等物品，使服务更人性化；为读者提供人脸识别借书服务、图书杂志自动识别定位服务等；充分利用数字化技术，提升图书馆服务平台的便捷度和服务效率，丰富群众读书生活。

2. 建设方面

（1）创新智慧服务

高校图书馆一方面要忙于加大图书馆基础设施智能感应、智能管理等方面的建设，另一方面还要忙于智慧化服务的创新，同时还要解决资金筹集的困难，可谓困难重重。在5G环境下，智慧图书馆通过创新知识服务运营模式，增加知识创作、知识发表、知识传播等板块的指挥服务，利用虚拟化、智慧化服务空间使图书馆知识以多元化的方式在知识服务体系内实现全媒体的发布、接入、实时共享、在线远程服务等，满足用户更高要求的指挥图书馆体验。

（2）智慧图书馆建设要创新

智慧图书馆不能成为数字图书馆的翻版，要走出一条创新之路。智慧图书馆真正要改变的是以信息储存为主导的管理思维，通过智慧管理与智能技术将信息释放出来，让信息产生增值效益，并为经济、社会和文化发展服务。新一代信息通信技术为智慧图书馆的建设提供了绝佳的技术条件，各级政府对文化事业的高度重视为智慧图书馆的发展提供了有力的行政支撑，相信全国广大图书馆工作者一定会不负众望，齐心协力，打造出一个惠及全民的互联互通、开放共享的智慧图书馆体系。

（3）制定战略规划和行动方案

智慧图书馆建设不能一哄而上，要有一个清晰明确的战略规划和行之有效的行动方案。智慧图书馆不是一个单一的、纯技术的信息化服务系统，而是高度整合的智能化知识服务平台。因此要改变自上而下的管理方式，不能再像过去数字图书馆建设那样，以层级式管理为主导，如中心下设立若干个分心及支中心等，而是要让每一个成员馆都能以主人公的姿态参与和建设，并最大限度地发挥其专业优势、资源优势和人才优势。

（4）建立健全绩效评价机制

智慧图书馆若想不断提高服务水平，就要重视大众反馈和评价。例如，可以通过实地走访、调查问卷和举办活动等方式，对用户进行满意度调查。通过分析用户的反馈情况，对智慧图书馆服务进行有针对性的调整和完善。同时，评选出用户满意的图书馆服务人员，定期对图书馆工作人员和服务团队做好绩效评价，综合考量工作业绩和用户满意度，对工作表现突出的员工和团队，给予适当的精神、物质方面奖励，这可以大大调动图书馆工作人员的工作热情，从而用更饱满的精神状态投入到图书馆事业中。

（5）要推进图书馆数字化的转型

智慧图书馆建设不能只看作是一个专业性项目，而要成为图书馆数字化转型的推进器。数字化转型是高质量发展的必由之路，也是世界发展的大趋势。图书馆要顺势而为，不仅要坚守传承文明的历史使命，保存好人类文明遗产，而且要将这些丰富的学术与文化资源开发出来，让图书馆成为人类社会发展必不可少的可获取、分享和创造的信息和知识基础设施。

（6）搭建"互联网＋文化产业"新模式

智慧图书馆需要积极开展自身服务流程重组，从已有的机构设置、运行模式及服务流程等方面着手，使其更加符合当下互联网思维模式发展需求；积极开展线上服务，搭建线上服务平台，基于"互联网＋"开展借阅流程、数字阅读以及知识服务等工作拓展，深入调研大众需求，注重用户反馈，不断完善现有平台功能，稳步推进自身文化产业发展；充分利用互联网资源，做好文化宣传工作，扩大智慧图书馆的知名度。线上方面，图书馆可以充分利用微信、微博等新媒体渠道，通过创立公众号、微博主页等方式，加大对智慧图书馆服务内容、服务范围的宣传；线下方面，图书馆可以通过推出文化沙龙、公益讲座等活动形式向群众宣传图书馆服务，同时，还要深入企业宣传，帮助企业拓宽信息获取渠道，使广大企业、民众在面临信息需求时有意识向图书馆求助，从而提高图书馆资源利用率，鼓励全民阅读、全民创新。

3. 人力资源方面

（1）加强人才队伍建设

智慧图书馆建设要组建适应新时代的队伍，完善人才培养体系，拓宽高层次人才引进渠道，为队伍注入新思想、新血液。部分图书馆对人员配置不够重视，需要合理调整现有馆员的配置。在传统的工作部门中，传统图书馆概念中的布局非常全面，但对智慧图书馆的知识却不是很了解。为此在智慧图书馆建设的时候，需要对其开展专门培训，这种培训应该是长期的、有连续性的，只有不间断的学习，才能跟上知识更新换代的过程，提高自身专业化素养，为智慧图书馆建设提供帮助。

（2）图书馆组织架构及人员配置重新进行调整

5G环境下，智慧图书馆的基础设备、配套设施都将面向信息化、数字化、智能化转型，服务功能也将面向AI技术向智慧化转型。相对于传统的公共图书馆服务，智慧图书馆服务意味着图书馆岗位人员结构的大调整和冗余人员数量的缩减。为了适应智慧图书馆的智能空间、智慧服务、知识服务及技术服务等需求，图书馆应重新调整图书馆组织架构，并结合智慧图书馆转型发展需求进行岗位人员配置。在进行组织架构调整和人员配置前，可优先考虑原有的人员，并通过考核筛选综合素质高、岗位适应性强的人员，并对选定的人员通过技术、服务、素质等服务，来提升图书馆队伍的整体水平，来适应智慧图书馆的全新功能及服务需求。在此基础上，智慧图书馆的建设需求引进高水平技术人员，构建图书馆智慧信息系统，解决人员与智慧图书馆发展之间的矛盾，并加强图书馆人员培训及岗位优化配置。

五、新发展格局中的智慧图书馆

构建以国内大循环为主体、国内国际双循环相互促进的新发展格局，是与时俱进提升中国经济发展水平的战略抉择，也是塑造我国国际经济合作和竞争新优势的战略抉择，这一主要基于经济发展的战略新格局对于中国智慧图书馆建设而言同样具有战略指导意义，即我们需要在新发展格局中推进智慧图书馆事业的创新和高质量发展。具体而言，我们应在三个方面加深新发展格局对于智慧图书馆建设指导意义的认识。

首先，要形成强大的智慧图书馆服务体系。作为全球图书馆最大体量的中国图书馆事业，在高质量发展中需要通过建设智慧图书馆来提升服务体系的智慧能级，聚焦解决读者利用图书馆中的急难愁盼，通过智慧图书馆的各项软硬件设施建设提升图书馆服务供给侧体系的适配性，优化供给结构和供给品质，不断培育并提升图书馆服务品牌，促进图书馆各类服务资源互联互通和流动共享。

其次，要加强智慧图书馆对外文化交流水平。新发展格局绝不是封闭的国内循环，而是开放的国内国际双循环。欧美图书馆事业在智慧图书馆建设中走在前列，我们需要在智慧图书馆建设中进一步学习和借鉴世界各国在智慧图书馆建设中的经验；同时，智慧图书馆建设本身是一个开放的系统体系，需要在万物互联的信息化进程中铺设中外互联共享的桥梁和纽带，进一步深化文献资源共享和人力资源学习交流；此外，中国的智慧图书馆事业正在形成全景智能、全域智能和全数智能的中国新实践，我们需要在对外文化交流中讲好中国智慧图书馆故事并不断提高在国际图书馆界的话语权。

第三，在加快培育完整内需体系中加快智慧图书馆建设。从经济方面着眼，加快培育完整内需体系需要全面促进消费并拓展投资空间，同理，在加快智慧图书馆建设中，我们需要顺应广大读者对于图书馆服务的新期待，把满足读者服务新需要与智慧图书馆建设新举措紧密结合起来，加快图书馆由传统服务向智慧服务的转型，不断创造并培育智慧服务新场景、新空间、新模式和新形态。同时，加快智慧图书馆的基础设施建设，推动图书馆设施更新和技术改造，从强基础、增功能、利长远的角度，在激活图书馆存量服务资源与拓展图书馆增量服务资源中形成良性循环。

第二节　高校智慧图书馆信息服务

一、高校智慧图书馆服务

（一）智慧图书馆的服务理念

"以读者为中心"始终是图书馆发展的核心理念。为此，智慧图书馆要适应社会扁平化、媒体大众化、组织虚拟化、信息透明化、产业网络化、资源社会化的智慧社会发展特点，强化顶层设计、优化业务结构，培养智慧型图书馆馆员，持续开展服务模式创新。

1.智慧图书馆建设的核心：智慧型馆员

有学者强调，除了智慧的图书馆馆员，没人能创造出智慧图书馆。尽管人工智能可以从事机械化、重复性工作并有效避免人为错误，但真正创造与决策的还是馆员。智慧型图书馆馆员应在现有图书馆管理技能的基础上，掌握互联网、大数据、人工智能等新型技术的理论与应用，具备信息检索、信息挖掘、学科知识分析等新型服务能力，同时具有良好的学习和创新能力，能够开展创造性的工作，如开展知识组织、数据分析与挖掘，开展服务模式创新。

2.智慧图书馆服务的保障：技术

新型智能技术是新时期智慧图书馆建设发展的驱动力。智慧图书馆要在明确自身定位基础上，搭建并逐步完善适应自身特点的整体技术架构，以了解、挖掘和预测满足读者需求为目标将互联网、人脸识别、智能传感、全球定位、AR、AI等新型智能技术有机融入智慧化技术体系建设中，实现智慧化知识服务于图书馆管理。

（二）高校图书馆智慧服务的特征

智慧服务作为高校智慧图书馆建设的核心要素，将具有服务场所的泛在化、服务空间的虚拟化、服务手段的智能化、服务内容的知识化等特点。

1. 泛在化

目前的图书馆服务仍然是以图书馆（物理图书馆和数字图书馆）为中心，而不是以用户及其需求为中心。用户仍然需要到物理的图书馆或登录图书馆的网站才能得到图书馆的服务。在智慧服务模式下，由物理图书馆和数字图书馆为用户提供单向知识服务，转变为依托云计算、物联网等信息技术将图书馆和用户连接起来，形成智慧服务网络，通过移动服务端为用户提供个性化、多样化的服务，用户可以随时随地享受图书馆提供的各项资源和服务。图书馆需要真正从用户及其需求出发，适应用户新的需求及行为变化，将图书馆的服务融入用户学习、科研、休闲的一线，嵌入到用户学习、科研、休闲的全过程中，打破时间和空间的限制，用户在哪里，图书馆服务就在哪里，拉近与用户的距离，为用户提供一种到身边、到桌面、随时随地、全天候、全方位、多元化的知识服务。

2. 虚拟化

智慧图书馆的建设实现了物理图书馆与虚拟服务的融合。在任何环境下，用户通过虚拟现实和增强现实技术等的应用，都能够在视觉、听觉、触觉等模拟空间场景中与图书馆真实场景之间实现人机交互。例如，通过构建与实体图书馆环境相对应的虚拟场馆，利用VR可穿戴设备，用户可以模拟进入虚拟场馆，可以看到图书馆的空间布局和各功能区的资源分布等情况，甚至可以在虚拟空间中进行阅读，使用户足不出户便可以漫步在图书馆中，查询并获取所需要的信息。通过仿真化的体验，一方面用户可以在虚拟空间拥有与实体图书馆一样身临其境的感觉，另一方面，虚拟图书馆的良好体验也可以转化为对物理图书馆的有效利用。通过线上线下的互动整合最大限度地满足用户的需求。

3. 智能化

在人工智能等技术的驱动下，图书馆、馆员与用户之间实现了高度关联。手机、IPTV等智能终端的普及、24h自助图书馆、各种智能服务平台的综合应用延伸了图书馆的服务。人工智能技术的应用为图书馆资源定位、推送、定制和管理等服务的智能化创造了条件。例如，RFID 技术的应用，加速了盘点作业流程，增加了书刊流通的效率，降低了馆员及用户的训练成本，减少了用户排队等候时间及图书馆的人力。智能机器人的开发利用给用户带来了更加高效、便捷的服务体验，使图书馆可以在不受人员干预的情况下，就能够为用户提供准确、个性化的服务，如南京大学的机器人"图客"、清华大学的机器人"小图"等；大数据分析技术可以帮助馆员分析图书馆收集来的用户信息，预测判断用户的信息需求，进而为用户提供个性化的推送服务。

4. 知识化

为用户提供知识服务既是满足用户需求变化的需要，也是智慧图书馆建设的目标。图书馆经历了从传统图书馆、数字化图书馆到智慧图书馆的跨越，图书馆的服务也从提供文献服务、信息服务逐渐向提供智慧服务转变，伴随着现代智能技术的不断发展，图书馆的服务能力得到了极大的提升。服务内容逐渐从文献资料、数字资源向更深层次、有序的知识产品转变。所谓知识服务是图书馆通过分析、判断和预测用户的具体的、真实的知识需求，对信息和知识进行检索、分析、处理、重组等一系列活动，并借助信息技术，利用适当的方法，向用户提供其所需知识的过程。知识服务不是简单地向用户提供文献、信息资料，而是在提供服务的过程中融入了馆员的智慧，其核心在于对信息资源的再创造。智慧图书馆服务在数据挖掘、云计算、云存储等大数据处理技术的支撑下，通过分析用户的显性和隐性的知识需求，从海量的数据中发现知识，在对显性知识的提取、加工中融入了对隐性知识的挖掘，为用户提供集成化的知识服务，实现了知识的增值。

（三）高校图书馆智慧服务的作用

从目前来看，许多高校图书馆开始将智慧服务工作与自身的内部管理工作改革创新相结合，积极抓住智慧服务的重点以及难点，确保对症下药。智慧服务是时代发展的产物，是对高校图书馆管理工作所提出的新要求和新标准，图书馆需要始终站在不同的角度关注与时俱进，积极践行这一重要的服务理念，将智慧服务工作落到实处，不断突破传统图书馆服务模式的束缚和障碍，确保不同管理资源的合理配置及利用。学者在对高校图书馆智慧服务工作进行分析时明确强调，高校需要意识到智慧服务工作对自身稳定建设及发展的重要性和必要性，主动调整图书馆的服务理念，真正实现自身综合实力的稳定提升。从微观角度上来看，高校图书馆智慧服务的作用比较显著。

（1）智慧服务有助于突破传统图书馆服务模式的束缚。不再受时间和空间的限制，确保现代化服务理念的有效落实，全面提升整体的服务质量和水准，确保高校图书馆能够充分发挥育人作用及优势。许多高校也开始意识到了这一工作的重要价值，站在战略发展的角度加大对智慧服务工作的投入和支持力度。

（2）智慧服务有助于促进学生的自主学习。大学生的自主学习对个人的成长及发展有非常关键的影响，智慧服务能够提供个性化的服务，满足学生的独特需求，确保学生能够主动利用各种学习和提升的机会，在图书馆的智慧服务下提升自身的综合素养，积累丰富的理论知识经验，不断拓宽个人的眼界，走出学校，在不同的工作岗位中获得更多的竞争优势。

（3）图书馆的智慧服务能够为学校的教育教学改革提供更多的辅助，确保教育教学改革工作的稳定落实。许多教研工作人员开始调整自身的教育模式，在图书馆中搜集最新最前沿的知识和信息，为自身的教育教学工作融入更多的新鲜血液。因此，整体的教育质量和教学水平有了明显的提升，很多学生跃跃欲试，能动性高涨，进入图书馆的学习频率比往常更高。

（四）高校图书馆开展智慧服务的必要性

高校建设智慧图书馆，通过采用RFID无线射频识别技术、物联网、人工智能等技术来实现智慧化、自助化、个性化的服务和管理，不仅可以节省成本、优化资源配置，还能实现图书馆服务效能的提升。

1.适应社会发展趋势的需要

2008年11月，IBM（International Business Machines Corporation）提出了"智慧地球"的概念，2009年8月IBM又发布了《智慧地球赢在中国》的计划书，正式揭开了IBM"智慧地球"中国战略的序幕。在此计划书为中国量身打造了六大智慧化方案，包括智慧电力、智慧医疗、智慧城市、智慧交通、智慧银行和智慧供应链。2017年10月18日，习近平在中国共产党第十九次全国代表大会上的报告中，提道："加强应用基础研究，拓展实施国家重大科技项目，突出关键共性技术、前沿引领技术、现代工程技术、颠覆性技术创新，为建设科技强国、质量强国、航天强国、网络强国、交通强国、数字中国、智慧社会提供有力支撑。"[①]这意味着当前我国的智慧社会建设步入了新的发展阶段。教育领域，2016年教育部在"教育信息化十三五规划"中提出："到2020年末高等院校要基本实现智慧

---

① 中国共产党第十九次全国代表大会. 2017年10月18日.

校园的建设目标"①。作为社会有机体的重要一员，高校图书馆必须重新审视自身的社会角色定位，找准明确转型目标，尽快适应国家宏观战略发展的需要。

2. 应对用户需求变化的需要

随着人工智能、大数据、物联网等技术的不断渗入，高校图书馆必然将发生新的重大变革。用户的需求将发生极大的改变，越来越多的用户倾向于借助移动服务端来满足自己的需求，呈现出阅读时间的碎片化、阅读空间的随时随地化、阅读手段的多样化等特点。信息技术的快速发展，给人们的学习、生活带来便捷的同时，也对图书馆发展的未来带来了新的挑战，如何在新形势下适应用户需求的变化，既是关乎图书馆存亡的一个问题，也是我们每个图书馆人必须深入思考的一个问题。高校图书馆要在瞬息万变的环境中求得发展，必须顺应时代的发展，适应用户需求向更加个性化、深层次化的知识需求方向转变的新趋势，重新定位好自己的角色，不断与时俱进、顺势创新，加快引入新的创新技术，尽快融入和适应新环境，不断提升自身的活力，加快智慧图书馆建设，为用户提供智慧化服务，才能赢得用户认可，实现自身的价值。

（五）影响高校图书馆智慧服务的因素

1. 馆员

智慧馆员是高校图书馆智慧服务的提供者，智慧馆员的服务意识会对智慧服务质量产生影响。高校图书馆面向全校不同专业的师生，这要求馆员必须具备跨学科知识。除完成馆内事务外，高校图书馆馆员还需参与教学与科研工作。因此，科研能力也是高校图书馆馆员必备的素养。在智慧时代，高校图书馆馆员在数据管理生命周期的各环节中发挥着重要作用。高校图书馆亟须提高馆员的数据素养能力水平，使其成为数据策管者。

2. 资源

智慧资源是高校图书馆智慧服务的主要内容。馆藏资源的种类与形态具有多样性，高校图书馆相关人员要对不同形态的资源进行整合，统一存储。同时，其还应依据资源利用情况对馆藏资源不断进行优化，以提高资源利用率，提升智慧服务质量。高校图书馆相关人员在对馆藏资源的建设和管理上要简化形式、拓宽渠道，方便用户获取，满足用户泛在化的阅读和学习需求。在智慧时代，高校图书馆应根据不同用户的行为数据刻画用户画像，进行个性化推送。

---

① 教育部.教育信息化"十三五"规划.2016年.

3. 技术

高校图书馆是在技术支撑下不断生长的有机体，其智慧服务离不开智慧技术的支持。智慧技术应直观地为用户带来增值体验，包括交互性的提升与体验性的增强。例如，用户通过智能穿戴设备实现与馆员的实时交互，通过MR技术增强沉浸式阅读体验。高校图书馆在应用智慧技术时也应注重技术的易用性和安全性。易用性指智慧技术有利于提升用户的感知效益，安全性指智慧技术应保障用户的隐私不被泄露和侵犯。

4. 环境

智慧环境为高校图书馆智慧服务提供空间保障。高校图书馆进行科学的布局能营造舒适的空间环境，提升用户的体验。充足完备的馆内设施能够满足用户不同层次的使用需求。高校图书馆通过智能传感器感知用户（情境、状态、个性化需求等），与馆内现有资源和服务情景进行匹配，以为用户提供优质的服务。

（六）高校图书馆智慧服务现状

1. 广泛应用智能设备及服务

随着AI智能化技术的快速发展，各地高校图书馆也纷纷引入了各种不同类型的智能设备及技术，通过智能交互等技术手段，能够给读者带来更加生动、便捷的阅读和服务体验。如通过AI人脸识别技术可以轻松进出阅读通道，免去单独扫描携带书籍的工作，在进入通道过程中，系统同步扫描携带书籍完成借阅。刷脸借书也成为智能服务的一大看点，智能设备自动识别人员面部信息，完成无感借阅。高校图书馆人工智能服务为图书馆的发展提供了更广阔的空间。传统图书馆借还书流程相对复杂，图书归还、上架等工作需要耗费大量的人力和时间，图书盘点工作量巨大。通过智能机器人技术，能够让图书馆的图书管理工作变得更加智能。运用机器人进行图书盘点及归置，可以合理利用晚上时间，盘点效率及准确率大大提高。智能机器人还可以在盘点后向图书管理员发放盘点数据等报表，让盘点工作变得高效智能，实现精准全自动盘点。

2. 为读者提供便利借阅渠道

互联网时代下，智能手机给我们的生活带来了巨大的改变，碎片化阅读成为主要阅读形式。微信公众号等社交平台被人们广泛接受，小程序、数字媒体等新技术也为传统图书馆的革新提出了新的挑战。通过移动互联技术和数字化技术，图书馆变成了可以放在口袋里的"图书馆"，移动图书馆新型服务模式逐渐成熟。

手机成为一部小型移动图书馆。通过数字化信息的采集，改变原有纸质化图书管理和服务的模式,实现电子数字资源及纸质资源一体化管理和服务的新模式。读者可以通过一部手机畅享电子图书、音视频等资源。读者可以通过登录图书馆官方微信账号,进入服务平台,通过扫描图书上的条形码,就可以直观地了解到这本书的各种馆藏信息,还可以提供电子书版本及光盘内容下载,随时随地方便快捷地进行线上阅读。这种简单高效的图书阅读和服务模式,更适应当代年轻人的图书借阅需求和阅读习惯。同时,通过大数据收集到的信息对读者阅读习惯等相关信息进行数据化分析,能够更好地帮助图书馆来进行资源整合,提供更多样化的服务。

(七)高校图书馆智慧服务存在的问题

1. 信息技术及设备的应用滞后

互联网大数据等信息技术的飞速发展,给高校智慧图书馆的信息存取、数据分析都带来了巨大的挑战。大数据时代,信息来源广泛,数据类型多样化,数据采集技术水平也随之提高,带来的是数据所呈现出来的复杂性。高校智慧图书馆依托互联网大数据技术,将从传统图书馆向更加智能化的知识服务型智慧图书馆转变。现有高校图书馆的数据存储和数据分析能力较为有限,对于大体量数据的存取难以紧跟实际发展的需要,而数据分析技术也难以支撑现有数据结构的大量分析任务,出现了难以跟上大数据发展及时代发展需求的情况。对于大数据时代下,信息分层、分级处理及管理的需要,如何通过高通量计算机来实现数据存储和数据分析,提供更加可靠、可预测的数据分析结果,成为高校智慧图书馆发展亟待解决的问题之一。

此外,随着图书馆信息存储和计算规模的不断扩大化发展,高校图书馆需要更换高端、大规模计算机存储设备,这些设备需要具备存储大规模数据的硬件条件,同时具备处理复杂数据的智能技术,以及安全可靠的保密性的基础设施。互联网信息化处理技术及设备的应用给高校智慧图书馆的发展提出了更高层次的要求。

2. 图书管理服务人员水平不足

高校智慧图书馆的设定与发展需要应用多种多样的现代化信息处理技术及设备,同时也必须要运用新媒体理念来进行媒体宣传及服务,这就给现有图书管理服务人员提出了新的挑战。传统图书管理人员大多只需具备基本的图书分类、简单数据处理等职业技能即可。但智慧图书馆的特点决定了智慧图书馆的工作人员必须具备更高水平的专业技能和职业素养,对于学科背景知识的掌握要紧跟前沿知识热点，对于互联网、大数据和云计算等智慧图书馆运营所需要的关键技术必须要熟练掌握。同时，由于新媒体等信息传播交流方式的兴起，图书管理服务人员也必须要掌握各类数据分析软件、音视频剪辑等核心技术，由此来加深与读者之间的联系，引导读者通过智慧图书馆所提供的服务来满足其阅读需求。智慧图书馆其核心在于智能化技术的使用，而现有图书管理人员对于互联网技术、大数据技术的处理能力有所欠缺，这也给高校智慧图书馆的发展提出了新的挑战。

（八）高校图书馆智慧服务的创新策略

1. 深化智慧服务理念

随着教育信息技术的不断发展和实践应用的不断深入，高校图书馆作为一线教学和科研的主要场所，越来越受到各级教育主管部门和院校的重视。在建设"智慧社会""智慧校园"的热潮下，高校图书馆要在瞬息万变的环境中求得发展，更好地为高校师生提供服务，必须顺势而为，明确自身在新形势下的角色定位，把握好图书馆向智慧化转型这个大方向。对于高校图书馆管理者来说，应紧跟时代发展的步伐，紧扣图书馆事业发展的脉搏，尽快树立为用户提供智慧化服务的理念，客观分析本馆的馆舍条件、硬件设施、馆员素质及开展服务的能力等实际情况，通过调研、分析并预见将来的社会需求和用户需求。依据本校的建设目标，在对本馆的实际情况进行理性评估的基础上，早日将智慧图书馆建设提上议程，理性制定适应本校图书馆发展的智慧化建设方案和实施策略。

2. 提升馆员综合技能

高校智慧图书馆的推动发展，离不开图书管理人员，服务水平提高的同时也必须要加强智慧图书馆管理人员的综合技能素质。首先，可以通过人才引进的方式，在全社会范围内征招具有一定专业技术背景的图书情报专业、计算机及大数据等方面的专业技术人才，让专业的人参与到智慧图书馆的建设过程中，使互联网和大数据技术真正发挥其作用。其次，还要针对现有图书管理人员进行定期培训和业务能力考核。高校之间可以通过进修培训等方式，相互学习，选派人员到发达地区的智慧图书馆进行交流和学习，也可以充分利用网络信息资源组织现有图书馆管理人员进行自我学习，鼓励管理人员不断提升大数据背景下的技术水平。伴随着不断提高的互联网和大数据等信息化技术，对于图书馆管理人员也必须要进行定期的考核，不断引导他们改变原有图书管理工作理念，不断向智慧馆员发展，让他们在工作之余不断发挥其学习能力以及创新能力，与智慧图书馆共同成长。

3. 加强智慧馆员的培养

大数据时代背景下，各种类型、媒体的信息资源呈现几何级别的增长，信息增量远远超出人们理解的速度，人们不再苦于没有资源，而是面对浩瀚的知识海洋如何才能找到自己真正需要的知识。高校图书馆用户将不再满足于对一般性文献信息的需求，更多的是注重对有序化知识的需求，处于信息技术高速发展的时代，各种新技术层出不穷，如果只有智能化的技术和设备，没有精通这些技术并能利用这些技术为用户提供服务的馆员，图书馆就无法真正实现智慧化，这些无疑对高校图书馆员的自身素养和为用户提供服务的能力提出了更高的要求。西方学者认为，除了智慧的馆员，没人能够创造智慧图书馆。图书馆在向智慧化转型的过程中，必须注重对馆员的培养，提升服务能力，不断调整其角色定位以适应时代的发展。

4. 提高基础设施建设

现代化信息系统是智慧图书馆发展的技术支持，智慧图书馆的基础设施包含信息化设备及技术、信息化技术应用等基础内容。在智慧图书馆建设过程中，要充分考虑到未来发展需求，在智慧布局的过程中，将智能设施、网络布局和现代化信息系统进行合理有机布局，在通过高新技术实现智慧图书馆管理的过程中，必须要重视基础设施的应用和升级。通过提升基础设施的信息化支撑水平，来保证智慧图书馆建设发展过程中所需要的硬件支持。

此外，智慧图书馆需要依托互联网及大数据等现代化信息技术，在进行纸质图书电子化转型及电子图书、数据库、工作人员及读者信息等综合信息整合的过程中，要保证所有元素都能整合成一体，通过对数据的整合、分析和利用成为大数据基础，为智慧图书馆未来的智慧管理和智慧服务提供决策性信息及数据支持。智慧图书馆要满足读者日益增长的需求，就必须要加快现代化信息系统的建设。在互联网时代，读者的需求是瞬息万变的，只有通过互联网技术、大数据技术来对所获得的关键数据进行合理的分析和处理，并进行前瞻性预测才能够更好地推动高校图书馆的发展。

5. 合理安排馆舍布局

目前，关于智慧化服务空间的建设，是国内外图书馆领域的研究热点之一。高校图书馆打造智慧空间，需要充分结合高校发展战略和本校图书馆用户的需求，依托图书馆现有的馆舍等物理空间条件或是对原有的空间布局进行重新改造，通过引进先进的智能设施设备，营造良好的学习交流环境，最大限度地促进知识交流。不仅要建设好物理空间，更要一切以用户为中心，以满足用户需求为目标，除了要满足高校师生的教学、科研需求外，还应当满足其休闲、娱乐等需求对第三空间的功能服务需求，为用户提供多样化的服务。打造智慧化的问题，而是要重组图书馆的各种资源和服务模式，促进图书馆服务能力得到极大的提升。

6. 保障用户信息安全

用户的信息素养也是影响图书馆用户满意度的主要因素之一。智慧图书馆的建设离不开各种先进的智能技术，智慧服务平台的搭建是支撑智慧图书馆有效运行的重要保障之一。如果用户对新技术不熟悉、不了解，缺乏相应的技术应用能力和一定的信息素养，就无法很好地利用图书馆来获取所需要的服务。高校图书馆应坚守"以人为本"的理念，一切以满足高校师生的需求为目标。可以通过开展文献检索课、知识讲座、新技术培训等多种方式，加强用户信息素养的培育。另外，大数据时代背景下，作为用户信息的收集者和挖掘者，智慧图书馆应该采用防火墙技术、主动防御技术、防病毒和黑客等技术，从技术手段上保障用户阅读隐私信息的安全性；对于容易泄露用户隐私的阅读地点、内容和方式等信息，在构建用户服务系统时应该加强安全防范；在服务器的设计中，还应该做好权限管理，从根本上保障服务器的安全性。

二、智慧图书馆知识服务

智慧图书馆的运维需要以网络技术、智能技术、数字技术为代表的现代信息技术作为支撑。智慧图书馆能够满足用户随时随地获取信息服务的需求，有效克服时空局限，实现更广范围的服务，在坚持"以人为本"的核心服务理念基础上，为广大用户提供智慧服务。可以说，智慧图书馆是现代信息技术、先进管理模式、科学服务理念的综合体现，是一种全新的信息服务模式。知识服务是图书馆基本服务内容之一，其含义为发挥现代信息技术的优势作用，高效、可靠地完成信息加工，为用户决策提供所需信息与服务，是一种碎片式、响应式的信息服务。

（一）智慧图书馆知识服务内涵

智慧图书馆综合运用移动通信、数据挖掘、人工智能、知识图谱等现代信息技术，突破传统的知识流通、信息咨询等服务的局限性，实现了更加全面、更加深入、更具针对性的信息服务，能够为用户决策提供更加充分可靠的信息依据，以此提高用户决策水平，提升用户行为效果和创新发展速度。可以说，智慧图书馆知识服务是对传统文献服务、信息服务的创新，是一种更加系统、完善的信息服务。智慧图书馆知识服务能够更好地发挥图书馆在社会经济发展中的积极作用，显著提升图书馆的服务能力，更好地发挥图书馆的信息资源优势与服务优势，更有效地满足社会创新发展的知识与信息服务需求。

（二）智慧图书馆知识服务的特征

随着信息技术的进步和读者需求的变化，传统的图书馆开始慢慢向智慧图书馆发展，智慧图书馆就是通过利用新一代信息技术（如物联网、人工智能、大数据、云计算）来改变用户和图书馆系统信息资源相互交互的方式，以便提高交互的明确性、灵活性和响应速度，从而实现智慧化服务和管理。图书馆智慧化最根本的任务和目的就是以用户需求为中心，以服务用户为宗旨，为用户提供智慧化知识服务。而智慧化知识服务是由传统意义上的纸质文献服务转变为通过智能化技术对知识进行生产、开发和重组，创造出满足用户需求的"新知识"和解决方案，并利用关联数据、数据仓库和数据挖掘技术分析出用户的日常行为，主动地向用户提供精准化、个性化和智慧化的可解决问题的知识服务的过程。

与传统图书馆的知识服务相比有明显特征。智慧图书馆遵循的主要原则是以人为本，以用户为中心，围绕用户的需求来优化图书馆服务质量，提高图书馆的服务水平。特征体现在：

（1）用户获取知识更高效，以往依靠文字检索信息进行搜索，加入了图像、语音识别技术和移动视觉搜索技术后，用户可直接通过图片、语音或直接使用摄像头摄取需要搜索的对象的图像或视频的方式搜索、获取知识，不仅检索的信息更丰富，获取知识的效率也更高。

（2）用户获取知识更便捷，因5G网络的布局和智能化设备的分布，使得智慧图书馆资源和服务无处不在，不再受时间、地点、空间限制，随时随地可以通过网络使用智能设备终端轻松下载馆藏资料，获取快速便捷的知识服务。

（3）用户获取知识更精准，能够充分满足用户的需求。一方面在于图书馆智能感知用户的日常行为模式，通过人工智能技术进行大数据智能分析，分析出用户行为特征，为其智能推荐相匹配的知识；另一方面在于深度挖掘、关联分析和知识重构等大数据挖掘技术对原始的知识进行加工处理，构成了满足用户需要的知识库和知识服务平台。

（三）智慧图书馆知识服务生态系统

1. 概念

智慧图书馆知识服务生态系统即通过知识服务平台将物与物关联到一起，实现用户群体、服务主体、信息资源、服务内容等共同协作的生态系统。主要通过用户对知识服务平台易用性、资源情境有用性、服务功能激励性等的综合感知实现用户行为意向的强化与持续,由此构建用户知识服务在互联、资源、服务等各项情境下的行为关系,利用正向、负向等作用机制将作用结果反馈至知识服务系统。智慧图书馆知识服务生态系统要实现质量提升,就要完成不同情境功能的共建、优化、协调、完善,通过正负反馈作用机制构建不同情境关系,这种动力反馈机制分为四部分:(1)输入系统,将用户个性化信息需求设为导入口,将用户期望作为设计服务情境及功能实现的导向;(2)输出系统,衡量标准为用户满意度,这是因为用户满意度能够整体反馈用户对互联情境易用性、资源情境有用性、服务情境激励性等功能的评价,能够对知识服务绩效评估结果进行说明;(3)交互过程,即智慧图书馆塑造知识服务情境时对用户的心理、认知、行为等进行分析,并对结果进行反复修正、融合,以适应新的市场变化的过程;(4)反馈环节,主要包括用户感知体验后产生的反应及对知识服务行为造成的影响。

2. 组成要素

(1)知识服务主体

知识服务主体是指利用新媒体信息技术供应知识内容,对用户收集信息、专业馆员获取知识、其他用户服务需求等有服务和管理作用的主体。其中,专业馆员可凭借已有专业知识为用户提供服务。智慧图书馆的重要特征之一是用户个体总量大、双重角色明显,即用户既是知识服务的重要受体,又是知识共享及知识创造的主体,对知识服务有很强的二次及多次裂变作用。因为用户是知识服务的重要参与方,是知识服务信息的生产者、传递者、分解者、参与者、创造者。管控主体是指图书馆管理方、知识服务领域专业人士、平台运营方等共同构成的管控群体,其作用是对知识服务进行引导、监测、协调,对馆内人力、物力等各项资源进行组织、扩展、构建,通过建设服务环境搭载多个平台,利用舆论监督预警提升知识服务健康程度,以实现协调共赢的可持续生态模式。

(2)知识服务本体

知识服务本体是指知识服务主体为满足用户个性化层次化需求所提供的知识服务具体内容。智慧图书馆知识服务本体主要可分为两大类,即传统模式特色库资源和经新媒体资源再造的新知识产品。具体而言,传统资源特色库建成后,根据用户使用意愿、兴趣等提高资源内容的全面性、新颖性,通过更新、修正、补充等扩大知识内容的覆盖面、提高新颖度等,这一资源优化过程对提升用户满意度很有效果。对传统信息资源及新媒体信息资源进行再造对资源内容有重组升级作用,不仅可以实现元数据化归拢、语义化关联等,而且可以使情境化资源库内的信息得到知识化、可视化呈现，采用聚类算法整合加工资源内容可使资源内容更加精细化，由此实现资源再造。

（3）知识服务媒体

知识服务媒体是信息载体与通道助推信息在生产者、传递者、分解者、消费者间传播过程中对信息本体进行处理的工具、技术、方法等的统称。智慧图书馆知识服务媒体主要包括互联网终端工具和知识服务技术平台。前者强调各类应用硬件设备，如智能手机、平板电脑、传输终端等均可提供用户地理位置、行为模式等信息，根据用户个性化信息需求、信息偏好等实现知识挖掘目标，加之这些设备普及性强、易接触，是重要的知识服务信息生产及传播工具。知识服务技术平台旨在实现互联网、大数据、移动通讯、云存储等技术性交互，构建资源、知识管理一体化平台，实现空间资源组织管理目标，打造社交服务系统，进而提升资源获取效率。

（4）知识服务空间

智慧图书馆知识服务空间要素是指知识内容存在的场所、空间。对用户而言，将智能终端数字化虚拟环境设定为现实世界镜像，形成空间要素，即信息时空、信息伦理、信息制度等。信息时空是指知识服务用户对信息进行生产、组织、传递、分解、消费时所处的空间，用户可以对图书馆资源进行筛选、借阅、数字化保存、实时评论、即时分享、瞬间转发、便捷记述等。信息伦理是指通过智慧服务过程中构建的规则、准则等实现对馆员、用户信息关系的协调。信息制度专指信息政策、信息法律等，是国家权力机关设定的约束信息人行为的规则。

（5）知识服务受体

知识服务受体是知识生态环境下知识服务活动的接受者，一般由知识服务平台及互联工具端各类用户构成。受体在知识交互中的需求受到知识服务互联端设备、媒体内容信息、技术平台、服务馆员、信息时空、信息伦理、信息制度等各种要素的综合作用而不断发展。同时，知识服务受体由于自身知识结构等的差异，呈现出层次性和个性化特征。

三、图书馆智慧服务

（一）图书馆智慧服务

智慧图书馆客观来讲就是移动的图书馆，其能被感知且没有空间上的束缚，智慧图书馆的突出特点就是互联、方便与高效。利用先进的信息技术智慧图书馆将冲破信息闭塞，使图书馆服务模式新颖化，把图书馆原有的资源中心化转变为围绕科学数据与知识服务的图书馆模式，完全实现万物互联，最终实现图书馆管理和服务的智能化。图书馆智慧服务就是利用无人方式提供令读者满意且更受欢迎的服务。知识共享、服务高效、使用便捷这三个特征是图书馆智慧服务所应具备的，一是知识共享，保持信息通畅，搭建智慧化的服务平台，促进信息资源共享最大化，使读者感受到的知识服务更加全面；二是服务高效，使图书馆越来越严重的基础设施超负荷问题得以解决，读者遇到的所有问题也都能通过图书馆共享平台得到答复，提升了馆员工作的效率，使读者感受到的服务质量更高；三是使用便利，把以人为本的个性化服务提供给所有的读者，读者所需的资源可以从大量资源里很快获得，使信息资源从存储到再创的过程无限循环。

（二）高校图书馆智慧服务的作用

从目前来看，许多高校图书馆开始将智慧服务工作与自身的内部管理工作改革创新相结合，积极抓住智慧服务的重点以及难点，确保对症下药。智慧服务是时代发展的产物，是对高校图书馆管理工作所提出的新要求和新标准，图书馆需要始终站在不同的角度关注与时俱进，积极践行这一重要的服务理念，将智慧服务工作落到实处，不断突破传统图书馆服务模式的束缚和障碍，确保不同管理资源的合理配置及利用。高校需要意识到智慧服务工作对自身稳定建设及发展的重要性和必要性，主动调整图书馆的服务理念，真正实现自身综合实力的稳定提升。从微观角度上来看，高校图书馆智慧服务的作用比较显著。

1. 促进学生的自主学习

大学生的自主学习对个人的成长及发展有非常关键的影响，智慧服务能够提供个性化的服务，满足学生的独特需求，确保学生能够主动利用各种学习和提升的机会，在图书馆的智慧服务下提升自身的综合素养，积累丰富的理论知识经验，不断拓宽个人的眼界，走出学校，在不同的工作岗位中获得更多的竞争优势。

2. 辅助学校的教育教学改革

图书馆的智慧服务能够为学校的教育教学改革提供更多的辅助，确保教育教学改革工作的稳定落实。许多教研工作人员开始调整自身的教育模式，在图书馆中搜集最新最前沿的知识和信息，为自身的教育教学工作融入更多的新鲜血液。因此，整体的教育质量和教学水平有了明显的提升，很多学生跃跃欲试，能动性高涨，进入图书馆的学习频率比往常更高。

3. 突破了传统图书馆服务模式的束缚

图书馆智慧服务不再受时间和空间的限制，确保现代化服务理念的有效落实，全面提升整体的服务质量和水准，确保高校图书馆能够充分发挥育人作用及优势。许多高校也开始意识到了这一工作的重要价值，站在战略发展的角度加大对智慧服务工作的投入和支持力度。

（三）新技术引发的智慧服务变革

人们的生活因智慧理念而发生颠覆性的改变，图书馆也必将由数字图书馆转变为智慧图书馆。随着物联网时代的到来，重要的生产力已然成为作为基础性资源的数据。基于大数据之下的"互联网+物联网"的图书馆服务被称作图书馆智慧服务，也就是说，在大量资源爆炸式增长的前提下，依然将人与物且物与物间的数据传输与交流加以落实，使读者个性化服务的需求得到满足。全民读书的兴趣将因图书馆的智慧服务而充分激发，使图书馆领域的竞争力与创造力得以提升，因此，图书馆各方面的服务与新技术的深层次互融，实现图书馆智慧服务是图书馆良性发展的必然途径。

四、5G 技术下的智慧图书馆信息服务模式

（一）5G 技术与人工智能技术相结合

随着图书馆智慧化发展，图书馆的馆藏资源是越来越丰富。如何在海量的信息资源里找出用户所需要的信息资源，需要依据智能化、个性化精准推荐来实现。人工智能结合大数据、云计算技术可以记录用户的个人信息、借阅信息、行为信息等，根据数据挖掘技术分析和处理用户的个人数据，得出用户可能感兴趣的知识需求，主动地、智能地推送给用户，向用户提供精准的知识服务。5G 技术的网络布局下，人工智能可以通过各种终端智能感知用户的时间、地点、位置、移动轨迹、行为模式等数据信息，上传到云服务器端，采用数据挖掘技术和模式识别技术进行场景计算，得出用户特征和场景标签，进行实时场景匹配，并将相匹配的推荐资源列表反馈出来，实现用户的场景化精准推荐，更加符合用户的知识需求。

（二）5G 技术与云计算技术相结合

图书馆的存储空间随着时间的推移越来越小，资源占用量越来越大，本地服

务器的运作和维护的压力也越来越大。随着 5G 技术的引入，采用虚拟化技术和云计算技术建立云存储中心成为可能。将图书馆所有数字资源、用户信息、计算系统、管理系统数据都存储在云端，建立云端服务器，利用 5G 低延时、高带宽、高连接、可移动性等特性，使所有的终端设备如手机、平板、电脑、智能化借助设备、可穿戴设备都可以统一访问云端后台，不再局限于图书馆内访问，实现随时、随地高效率地获得用户所需要的各种资源，享受图书馆无所不在的泛在知识服务。

（三）5G 技术与区块链技术相结合

1. 用户体验与用户隐私并存

多元化与精准化的服务要求图书馆必须充分挖掘用户的信息和行为数据，致使用户为防止自身隐私的泄露，有意识地在注册与使用图书馆服务过程中将自己的真实信息进行隐藏，导致用户体验提升与用户隐私保护间的矛盾日渐突出，而 5G+ 区块链技术可以有效地将这一矛盾进行解决。5G+ 区块链技术的结合能够实现分布式身份系统的构建，也就是与 5G 应用场景相结合的同时，将区块链的技术特征充分发挥出来。这项系统的组成主要分为两部分，一部分是用户的 ID 是唯一的，另一部分是此 ID 下权威机构给用户颁发的认证声明，用户的真实隐私信息不在涉猎范围之内。每一个用户在区块链技术下被置于分布网络之中，利用共识机制创建信任，用户所需的服务可利用多个认证声明来得到，但其与任何机构都无关，公有链中此用户的真实信息是其他用户不能得到的，能够绝对地保障用户数据的安全与隐私。速度高、时延低的 5G 特征使区块链节点部署在各个角落，区块链网络的运行效率更能确保；分布式节点还可以是任一物联网的设备，更加确保了分布式身份系统的落地。

图书馆应用场景中存在大量的用户个人信息，其中包括用户注册、各类应用系统的使用、借还等。用户在分布式身份系统中运用速度高与时延低的 5G 特征，其所需的资源能够在整个区块链内很快的获得。此外，上载内容可设置为公开、不公开、限制公开，用户利用区块链私钥按照需求任意选择开展管理，个性化服务更强。用户深度体验场景化的需求也可以通过 5G 得到满足，用户利用区块链自己掌握自己的数据，他人若想访问需经过数据主人同意。因此，5G+ 区块链既能将用户体验和用户隐私间的矛盾解决，还能由用户自己全权决定自己的体验内容，体验速度与用户隐私都可保障，确保智慧服务的高效与安全。

2. 平衡去中心化与图书馆的利益

区块链技术的主要特征就是去中心化,其优势是:一是对信息运用分布式节点来传播与数据维护,缓解用户依赖图书馆的现象,传统以生产、提供、保存信息资源为图书馆的中心地位也因此发生了改变;二是图书馆由信息传播身份转变为组织管理者,使图书馆更全面地收集信息,确保用户各种各样的需求都可以得到满足,作为组织管理者的图书馆,不仅可以评级信息,还能对外推广,使越来越多的用户乐于参与其中;三是区块链技术能够智能地处理用户交易繁杂的过程使图书馆服务器设备、人力资源等支出得以节省;四是实现资源的开放性,均衡资源,减少重复建设。然而,去中心化的区块链特征为图书馆带来了风险与利益的损害,一是减弱了资源建设与集中存储方面图书馆的主导地位,其中心组织者的利益也被损害了;二是不可篡改性的区块链技术特征在处理错误数据方面难度高;三是图书馆的科研服务价值也因科研区块链的共识而被弱化。

图书馆在 5G 技术下获得了新的机遇,一是图书馆可以通过 5G 技术进入应用场景内部,并在打造用户高端体验上全面投入人力、物力与资金,加大沉浸式体验内容的开发力度,使用户体验效果得以提升;二是利用速度高、时延低这一5G 特性,图书馆内一部分能够实现去中心化,内管进行管理作为私钥重要的资源,用户想要在线使用就必须进行注册或购买后,5G 环境下可以保障最佳的在线使用效果;三是 5G 能够实现图书馆服务的延时低与区域化,确保信息流通的高效性,使所有人的权益得到保障。总而言之,运用区块链技术图书馆给予用户的各种服务更加透明化,同时,运用 5G 技术将去中心化的优势与自身利益维护间的平衡找到,最大地发挥出图书馆智慧服务的效能。

3. 分布式节点与交易时确认之间的相互配合

用户、图书馆同属于区块链上的分布节点,知识的传播需要区块链上全部图书馆与用户共同的维护。图书馆智慧服务正逐步实现价值服务,使具备价值性的数据向更高的价值节点流动,达到资源共享的成本低、效益高。但是,智慧图书馆在建设资源与传播数据过程中区块链上分布式节点之间存在着越来越多的互动,以及海量的非结构化数据,都会加剧数据的传播量与传播频率,网络拥堵导致交易的确认延时,终将带来错乱的时序、提交重复等问题的产生,区块链上所有节点的利益与体验效果都将大打折扣。

实现速度高、时延低的节点通信于万物互联分布式节点作用重大,而 5G 网速能使所有节点间数据传播的高效与实时性得以保障。覆盖范围广是 5G 技术的另一个显著特征,网络存在于社会之中的各个角落,如此可摆脱分布式节点交易时间与空间的限制，用户对高质量服务的享受也不再受时间和空间的束缚。

（四）5G 技术与 VR/AR 技术相结合

传统图书馆提供的知识服务中的信息资源都是以静态形式呈现的，如纸质版或电子版文字、图片、视频，这些信息交互性不强，使用户体验不佳。虚拟现实技术（Virtual Reality，VR）和增强现实（Augmented Reality，AR）技术就是可以实现虚拟场景的构造，使用户沉浸其中并与现实场景融合进行互动的过程。将 VR/AR 技术运用到图书馆，不仅可以构造文献中描述的虚拟场景，给用户提供沉浸式服务体验，还可以通过特定的地图软件如 3D 导航地图获取读者实际位置和所需资源的准确位置，给用户提供可视化、实时交互的立体服务。5G 技术具有的高带宽特性不仅可以缩短 VR 全景视频下载的时间，也可以保证呈现出超高清、分辨率极佳的虚拟场景，给用户提供优质的资源获取体验。其超低时延的特性还可解决用户在虚拟场景中进行互动时的眩晕感和不适感，提升用户场景体验、舒适度。

第三节　大数据下高校智慧图书馆信息服务体系

一、智慧图书馆数字资源建设

（一）资源采集

智慧图书馆对资源采集要求更准确、全面、高效。资源采集可通过众包模式进行，利用群众的智慧和力量进行资源采集和简单的数据加工，对现有的基础数据，通过数据库同步实现各主体甚至外部机构知识资源的整合、加工处理和共享利用。通过采买的方式从第三方机构获取使用权资源，或者通过各主体共建或自制特色数字资源。自制资源虽然可能没有从第三方机构采买的效率高，但能够保证资源的质量和永久的修改及使用权。此外，各主体还可通过物联网和大数据技术采集系统内部和外部数字资源。采集内容包括原始知识资源、社会数据、情景数据、用户数据等；形式涵盖文本、图像、音视频、3D、AR/VR、古籍、实物等。古籍和文献需要二次加工，整理成数字资源；实物、文物、古迹需进行专业的分析整理和数字化，便于储存和传播。数字资源采集，应尽量避免不必要数据的采集，防止采集对象（用户、机构等）信息泄露和恶意竞争等。

(二)资源处理

由于资源的采集并不完全符合智慧图书馆资源建设和管理需求,需要对采集的原始数据进行清洗、转换、集成、规约等预处理。对视觉等资源进行语义分析、语义标注、语义关联,以方便知识的传输存储和有效检索提取。聚类分析能找出未标记知识的类别关系,关联规则能发掘数字资源中隐藏的关联关系,分类则对标记的知识资源进行分类,以方便各类资源的标准化、存储和应用。智慧图书馆的建设要在大数据分析的基础上,对用户需求做出预判,预期性地满足用户需求。对资源的处理需要进行检验和审核,防止资源的建设偏离智慧图书馆数字资源建设的目标。资源的加工处理应保证可读性、易理解性以及在多种情境下有良好的适用性和可拓展性。标准化让知识资源具有一定的标准格式,易于传输存储,使知识提取更精准便捷。面向未来,智慧图书馆对数字资源的质量和安全性要求更高。各主体在对数字资源进行管理时,若涉及国家安全、用户隐私和信息安全的保护,还需进行脱敏和加密处理。

(三)资源存储

资源存储层保障资源的读取方便、可修复、安全可靠,满足大数据环境下资源存储量级和吞吐率的需求。云存储借助集群应用、网格技术或分布式文件系统,集合网络中不同类型的存储设备共同提供数据存储服务。Hadoop 是由 Java 开发的云计算开源架构,提供海量数据的高效存储。负载均衡是将任务合理分摊到多个服务器上执行,共同完成计算任务。云存储支持大数据存储,具有可扩展、协同保存、快速备份、成本低等特点,但也存在一定的数据安全问题。网格存储以节点为基础,并在多个节点上进行存储管理和数据传输,具有高稳定性、可扩展性和安全可控性,主要有 Net App 的层次结构和惠普的智能网格存储架构。网格计算能够将一项非常大的任务分成小份,由不同的计算设备共同完成。虚拟化技术是一种高效智能的数据存储管理技术,使系统用户只需关注存储的逻辑镜像和存储空间的架构,而不必在意后端的物理存储设备。智能存储实现各类资源的自动优化、自动配置、自动保护和自动恢复功能。P2P 存储既可协调大型专业设备提供存储服务,又可协调分散计算机资源进行储存,其结构有集中式、分布式和混合式,具有弱结构化、可扩展、无单点故障和吞吐率高等特点。存储方式的选择并不是绝对的,主要根据不同资源的保护需求和服务特点进行。

（四）资源传输

智慧图书馆数字资源传输更注重安全性、完整性及高效性。P2P 传输是各主体之间直接进行资源传输，减少中间环节，能够提高资源传输效率和安全性。同时，P2P 传输能够判断传输双方的身份，使资源易于被追溯。智能移动终端的普及，使云传输服务得到广泛应用。将资源上传云端，向移动客户端直接进行资源传输，能提高传输效率，有利于资源的共享。传输方式和传输协议是紧密相关的，不同的传输方式使用对应的传输协议。传输协议保障数据的传输按照一定的标准和格式进行传递和安全保护。为保证资源传输安全，还要进行数字加密，加密后的数据即使被外界截获或窃取，其真实内容也难以被破解。数字加密分为对称加密和非对称加密，非对称加密比对称加密安全，但原理更复杂，如椭圆加密算法。数字证书供资源传输双方进行身份认证和识别，防止其他人员假冒身份窃取数字资源。数字证书由专门的认证机构颁发，难以伪造，具有非常高的安全性。访问控制保证资源的访问提取有一定限制范围，拒绝特定对象的访问，从而保障资源的安全性。

二、智慧图书馆人文精神建设

图书馆作为滋养民族心灵、培育文化自信的重要场所，是国家文化发展水平的重要标志。最新发布的《普通高等学校图书馆规程》也明确了高校图书馆在文化建设中的重要作用。因此，在智慧图书馆建设实践中，传播、发扬以平等、免费、开放、共享为核心价值的图书馆人文精神是图书馆与生俱来的权利和义务，也是弘扬优秀传统文化、促进社会主义文化建设的着力点。

（一）物质文化建设

智慧图书馆物质文化的基本内涵就是在馆舍空间、纸电馆藏、设备资源等要素中所蕴含的文化观念和文化元素，例如在馆舍空间中蕴涵的代表城市、地方特色元素的城市文化，在纸电馆藏中蕴涵的贴合本馆馆藏体系和地域发展特点的特藏文化，在设备资源中蕴涵的绿色、环保的生态文化以及智能、高效的科技文化。物质文化的建设过程就是上述文化与图书馆文化的交互融合过程。

（二）精神文化建设

智慧图书馆精神文化是在其发展过程中形成的价值理念、道德规范、精神面貌、行为准则等意识形态的集合，是图书馆的灵魂和精髓。图书馆精神文化在行为层面的展现直接、正向影响着用户感知，精神文化建设是人文精神建设的重要组成部分，对提升智慧图书馆服务温度、拉近用户和图书馆的距离意义非凡。智慧图书馆精神文化建设可以从价值理念、职业精神、精神面貌三个方面展开。

1. 价值理念

图书馆价值理念包括科学和人文两个维度，从科学维度来讲，图书馆界应坚持发挥科技创新的支撑引领作用，积极探索应用科学技术创新图书馆服务，深入学习网络智能技术以丰富自身的理论知识体系，坚持需求导向，坚持用户在智慧图书馆建设中的主体地位。从人文维度来讲，图书馆界应注重人文关怀，保障用户的平等权利，坚持人格平等、机会平等和机会均等，不优待、更不亏待每一位用户。积极开展文献信息查询、借阅服务，主动开放共享公共空间设施场地，定期举办公益性讲座培训，坚持贯彻和落实免费、开放、共享的服务理念。

2. 职业精神

图书馆职业精神包括奉献精神、民族精神、进取精神和创新精神。奉献精神是指馆员要热爱自己的岗位，乐于将自己奉献给用户，为用户提供无微不至的服务；乐于为公共文化事业、为文化强国建设奉献自己的力量。民族精神是指馆员要爱国、爱馆、爱人、爱书，积极传播中华民族的优秀传统文化，自觉维护图书馆形象，维护用户的合法权利。进取精神和创新精神是指志不求易、事不避难的决心和勇气，是立足平凡岗位做出不平凡业绩的使命和担当。在抗击疫情期间，各个图书馆依托 5G、人工智能等技术，不断创新服务模式，推出了多种多样的抗疫主题服务内容，满足了用户宅家期间的学习办公需求，集中体现了图书馆界的进取和创新精神。

3. 精神面貌

图书馆精神面貌是指馆员在与用户的交互中所表现出来的精神状态，是馆员内涵和外表的集中展现，也侧面体现了图书馆的价值理念和职业精神。苏州大学图书馆通过设置示范先锋岗，树立先进典型，用榜样的力量激发馆员的工作热情，提升馆员的精神风貌。此外，他们还通过开展工会活动、组建工会活动小组等方式，促进馆员的交流与合作，营造积极向上、团结互助的工作氛围，塑造青春活泼、热情洋溢的精神风貌。

（三）制度文化建设

图书馆制度文化是图书馆各级各类政策法规、规章制度融合形成的文化现象，也包括其背后隐含的价值观文化，它规定了馆员和管理者在服务中应该承担的权利和义务，约束着他们的工作行为和服务风貌。在图书馆的历史演化过程中，制度文化建设始终是其稳定运行的重要保障，而在智慧图书馆建设的起步阶段，当更多的人把目光都集中在技术、系统层面时，加强智慧图书馆制度文化建设，从非技术层面提高用户的服务体验显得尤为重要。

三、图书馆智慧服务模式建设

（一）图书馆智慧服务模式的概念

图书馆智慧服务模式是采用先进的智慧服务理念，通过物联网、大数据、云计算等核心技术改变读者、图书馆、资源之间的信息交互方式，提升读者服务的明确性、灵活性与响应速度，进而实现读者服务与内部管理的智慧化转型。图书馆智慧服务模式的发展目标是在无人工干预的情况下顺畅完成各种形式的读者服务，从而达到真正"智慧"的预设目标。图书馆智慧服务体系构建的出发点是构建资源互联、人书互联、读者互联、随时随地、任意方式的理想服务模式。

（二）高校图书馆智慧服务模式

1. 智慧图书馆平台服务

（1）智慧图书馆平台服务体系将关联数据与云计算融合在一起，并且把数字馆藏资源与在各种数据库当中处于分散状态的信息资源（如图像、符号、数字、文字等）进行聚合与组织，并通过对"数据—用户"关系模型的构建与应用，建立高质量、实用且统一的智慧图书馆数字资源门户，以此达到统一聚合、集中揭示数据资源的目的，为用户更好地利用数据资源提供切实便利。

（2）智慧图书馆平台服务体系是借助大数据技术，快速提取、集成数据库当中的各种类型、各种格式的数据资源，以此来实现各种结构数据之间的紧密衔接与融合，最终达到一站式、统一化检索的目的。需要强调的是，一站式检索不仅与大数据资源的基本分布特点相适应，还适应其异构性特点，能够帮助用户减少在数据处理、资料检索等方面所花费的时间，因而有助于提高用户利用数据资源的效率。

（3）从智慧图书馆平台服务体系的角度考量，需要拥有多种支持能力，如实现多系统、多终端、多接口的同时运作等，以此为用户提供更多元化服务，使其能够利用多种方式（如手机平板、App 应用、无线 WiFi 及有线网络等），对平台服务系统进行便捷化、高效化的访问，使平台服务体系（智慧图书馆数据整合更加具有拓展性、兼容性、通用性及易用性。从总体上来讲，智慧图书馆经过数据整合而形成平台服务体系，其所提供的是更为实用且质量更高的"一站式数据资源服务"，能够帮助用户借助多途径、多方式对一个入口、一个界面进行检索，从中获取各种信息数据资源。

2. 以用户为对象的专业化信息服务

在大数据背景下，伴随信息资源不断从量向质进行转变，在此过程中逐渐建立起了多种类型的学科化信息生态系统，在此驱动下，智慧图书馆的信息服务模式同样也随之改变。智慧图书馆借助大数据技术，在不断采集、分析这些数据信息的基础上，对那些与用户需求相符的优质学科化信息进行抽取，从而积极为用户提供能满足其需求的信息服务。

（1）以社会各阶层人员为对象，为其提供相对应的信息服务。伴随信息技术的日渐成熟，人们更加需要的是相关学科领域当中的那些专业化的信息资源。比如工程师、教师、医生等，其对自身学科专业有着更多且更加多元化的信息需求，对于智慧图书馆来讲，其作为能够为用户提供各种信息资源的权威平台，可借助学科馆员，或者是利用专业化的信息服务模式，为用户提供多元化、专业化且丰富的信息，以此为更好地推动社会人才发展创新，提供信息服务支撑。

（2）以各种社会机构为对象，向其提供相应的信息服务。伴随大数据技术的日渐成熟与广泛应用，以各类企业为代表的社会机构，对信息服务的时效性有着更高且更加严格的要求，在此情况下，与企业自身紧密相关的市场分析、舆情监测、竞争情报及信息咨询等信息服务，便成为各种信息服务机构（包含智慧图书馆）的核心内容。在此驱动下，智慧图书馆需要以大数据技术为基础，为企业用户提供全套化的信息服务，包括信息的采集、监测、分析及推送等。

基于此种服务模式，智慧图书馆把自身所提供的信息服务整合到用户的信息需求中，进行科学化、规范化的创新研究，且参照对知识信息所具有的基本需求规律，以学科化方式采集、整理数据，将其中的专业价值挖掘出来，不断高质量地满足用户的各种专业信息需求。

（三）服务模式创新的必要性

智慧图书馆的服务模式与服务内容对于凸显图书馆自身的形象与信誉至关重要。且读者对于图书馆所形成的服务印象也与图书馆的服务模式息息相关。在传统服务模式下大部分图书馆的馆藏资源主体为纸质书籍，且由于数字化技术应用较少，在读者进行图书借阅与归还时往往需要通过图书馆工作人员。这一情况的出现使得图书馆人工服务成本大大增加，读者也无法享受数字化和智能化的图书资源服务。因而图书馆在新时代下其服务面临着更大的挑战。将大数据融入图书馆服务中主要目的是使读者能够获得数字化知识资源更为便利化。图书馆也应当在为读者提供图书资源服务中对大数据平台进行应用，促使智慧图书馆能够得以被建立。通过对智慧图书馆服务模式进行创新能够在很大程度上对图书服务资源进行节约，同时提高图书服务品质。由此可见，智慧图书馆应加强对服务模式创新的重视程度，并在实际工作中进行服务模式创新的探究。

（四）服务模式现存问题

1. 缺乏大数据基础建设资源

部分图书馆在图书服务创新过程中由于缺乏大数据平台基础建设资源，其智慧化建设进程也势必会受到一定的影响。例如对于部分偏远地区的图书馆来说，其图书馆中的电子网络资源往往处于较为缺乏的状态。这种情况的出现使图书馆无法为读者提供其所需要的电子书籍资料。且大部分地理位置偏僻的图书馆在建设智慧图书馆的过程中其网络技术资源系统这一层面就无法得到满足，读者在借阅书籍时也无法实现快捷化。

2. 大数据资源创新能力与意识不足

不同类型图书馆的核心书籍资料类型主要通过特色图书资源显现出来。只有当图书馆具有一定特色的馆藏文化资源，其文化吸引力以及独特的文化内涵方能显现出来。但现阶段图书馆普遍未对馆藏特色资源的建设加以重视，因而也就无法对不同领域读者的现实需求进行全面满足。智慧化图书馆不应局限于数字化外在表现形式，图书馆应更加注重数字馆藏资源内涵的培养，最终为读者呈现出具有创新化的服务模式。

3. 部分图书管理员职业素养有待提升

图书管理员在图书馆的运转过程中扮演着重要的角色，发挥着重要的作用。为了促进图书馆的不断向好发展，图书管理员应当具备较高的职业素养。在大数据背景下图书管理员应加强对大数据资源的掌握与利用。如若图书管理员并不具备专门的业务素质，则会在一定程度上导致图书馆内大数据基础平台设施浪费以及闲置情况的出现，最终也无法满足读者对图书服务所提出的要求。因而无论是图书馆管理人员还是服务人员均应不断提升自身职业素养，为不同读者提供更为优质的图书借阅资料以及高质量书籍。相关管理部门也应为当地图书馆提供一定的物质资源支撑，使得当地图书馆馆藏文化资源内容得以被完善，对图书馆馆藏数据库资源创新进行推动。

(五) 服务模式创新发展路径

1. 完善基础设施建设

图书馆智慧服务体系是面向全部读者、从资源引入到服务决策实施全过程的智慧化服务形式，因此在智慧服务体系的构建过程中应完善不同模块的功能，形成基于智慧服务的主体框架。在总体格局的建设上，图书馆要以读者的新时期需求为自身变革中心，将其具体体现在资源引入、读者服务等各个环节中，最终形成新一代图书馆智慧服务组织架构体系。

首先，图书馆智慧服务体系建设应构建技术服务基础，利用好大数据这个"数字金矿"，充分利用技术优势收集纸质书目、电子资源、学术资源、用户行为、设备参数、建筑空间、决策结构等相关技术数据，形成结构化资源，降低资源梳理成本，提升管理效率；在资源建设上，要通过特征数据的分析与对比，将同类型资源或关联性较强的资源进行链接，实现整合归类，将纸质与电子资源融为一体，进而实现一体化检索；在读者偏好数据分析上，应基于智慧感知数据进行读者阅读行为建模，形成基于阅读特征、心理特征、兴趣偏好的读者画像，为后续读者所需文献信息的个性化推送打下基础。

其次，图书馆智慧服务体系构建应加强客户端的服务建设。客户端的服务建设包含两个方面：一是加强图书馆智慧服务终端建设，提升智慧服务终端功能的全面性，提供更多的文献检索与文献传递方式。二是加强读者移动客户端的服务建设，通过图书馆读者服务 App、嵌入式知识服务等形式提供更加便捷的读者服务。再次，图书馆智慧服务体系构建要通过管理、技术与资源的融合，实现多种复合型资源的优化配置，逐步降低运营成本。

2. 不断丰富图书资源

现阶段大部分图书馆均在全面推进数字化馆藏资料网络体系的建设，且已经取得了极为显著的成效。为了使图书资料数字化建设目标得以实现，各个区域图书馆均应加强对网络数字化的应用，从根本上保证图书馆文献资料能够得以创新和丰富。在数字化的帮助下图书馆馆藏书籍资料能够使图书馆的资源特色得以被凸显，同时也能够对读者阅读数字化馆藏资源进行激发。与此同时，图书馆也应当对于馆内藏书资源进行数字化的转化与处理，进而将珍贵纸质文献资料运用数字化馆藏资源进行取代，通过这样的方式既能够实现对珍贵纸质文献的保护，又能够激发读者阅读兴趣，使读者数字化阅读感受得以丰富。图书馆管理人员应当将珍贵的馆藏资料保存在图书馆内的数据库内,从而能够在一定程度上对馆藏资源灭失或者损毁情况进行有效避免。与纸质文献存储方式相对比,电子资源库与数据库保存文献资料更具安全性。通过这一方式能够使读者获得更为优质的图书资源。在图书馆特色资源体系中特色资源数据库不可或缺,为了使图书馆能够从根本上实现转变和创新,图书馆现阶段应当将工作重心转移至建设特色资源文献库当中去,进而能够在更大范围内实现特色数据资源的收集,并依靠电子数据库实现对特色数据资料的保存。

3. 完善阅读服务建设

图书馆智慧服务体系的读者服务环节大致分为四个模块:阅读情境感知、信息网络传输、阅读情境处理及智慧阅读服务。其中,阅读情境感知模块是基础,是图书馆对读者阅读状态及阅读效果的直观感受,也是阅读反馈信息的主要收集途径;信息网络传输是智慧服务体系的关键部分,主要提供信息传送与反馈服务;阅读情境处理是智慧监测,实时监测有利于及时发现问题、漏洞,进而快速反应,避免安全问题的发生。网站管理委员会必须有多名专业的技术人员作支撑,技术人员需要严格做好网站维护、管理、监测等工作。对于图书馆网站的各项硬件设施,相关管理人员需要做好定期维护工作,在经济条件允许的情况下应选择可用性、可拓展性较高的先进服务器,并由专业技术人员进行系统维护,保证设备的正常运行,进而保障网站能正常为读者提供服务。同时,高校图书馆还需要针对网站安全建立网站安全制度体系,包括明确网站管理制度、安全策略、操作规程等,这对降低网络安全问题的发生率具有重要的意义。网络安全问题具有突发性的特点,因此图书馆还需要完善相应的突发事件应急工作机制,包括明确应急处置流程、形成操作文档、制定应急保障措施等。

第四节　大数据下高校智慧图书馆信息服务的发展

一、智慧技术方面

(一)灵活运用现代信息技术

智慧服务的技术性比较强,包含许多的现代化服务理念以及服务技术,其中现代信息技术的利用最为关键,同时也是这一工作得以顺利开展的技术支撑。高校图书馆需要关注新时代背景下,智慧服务工作的具体内涵以及形式要求,深入剖析不同现代新技术的利用要求以及突破口，确保对症下药。

高校图书馆需要主动结合目前的大数据挖掘技术，在海量数据中寻求有价值有意义的信息。数据库的构建是第一步，管理工作人员需要掌握不同的数据挖掘方式，以具体的可视化技术、决策以及统计分析方法为着眼点，实现动态的跟踪以及全方位服务，真正了解不同用户的信息需求。通过全方位的展示以及合理组织来更好地体现用户至上的智慧服务理念，充分彰显高校图书馆智慧服务工作的作用以及优势，保障个性化服务工作能够落到实处。

对于高校图书馆智慧服务工作来说，数据挖掘过程不容忽略，数据挖掘的过程也是服务模式的转变过程。管理者需要了解用户的实质需求，主动在数据库中提取有价值的管理信息，通过前期的预处理来加强对数据的有效管理及组织，确保数据能够为前期的决策提供相应的参考，充分体现数据的一致性和准确性。另外，用户的需求分析也非常重要，在明确了具体的知识类型之后，高校图书馆需要注重对知识发现算法进行选择以及判断，准确定位用户的实质需要，积极加强对不同运作模式的分析以及解释，提取出有价值的信息，更好地实现服务质量及服务水准的全面提升。

高校图书馆需要了解现代信息技术的使用要求，明确不同读者的个性化服务要求及标准，主动利用各种现代信息软件技术来丰富信息服务的内容及形式，进一步打造主动型的信息服务体系。高校图书馆需要注重对自身服务理念和服务准则的分析及研究，积极利用各种现代化信息技术搜集与用户密切联系的信息，主动提供信息推送服务，定期整理以及编辑最新的信息动态并及时地推送给用户。这一点有助于更好地满足用户的信息需求，真正实现学科信息动态的全方位展示，全面提升整体的数字图书馆服务质量和水准，彰显智慧服务工作的重要作用。

（二）有效运用5G技术

1. 资源体系整合

丰富的馆藏资源是图书馆知识服务的基础。传统的图书馆中现有的单一纸质文献资料、电子期刊、数字资源已经远远不能满足用户的需求。为了满足用户的需求，须加大信息知识的搜寻、组织、分析和重组力度，开发和整合多方面的信息资源，建立数字数据库，如建立地方古籍、民国文献、名人传记、地方戏曲等数字人文类数据库，也可以是地方特色类的，如茶文化资源库、地方风景资源库、民间文艺资源库等自建数据库。还可以充分挖掘馆藏资源，制作某一系列专题知识分享的小视频，通过网站和微信公众号进行推送来满足用户的特定需求。5G

技术条件下，结合云计算技术，所有的数字资源可存储在云平台，用户可以随时随地、高速率地获取所需要的知识资源，享受便利快捷的知识服务。5G技术的高速率、低时延、广连接特性还可助力总分馆制的建立，实现某个地区所有图书馆信息互联互通、资源共享，整合更多的资源，用户可以快捷地查阅更多的信息，既提高了云平台数字资源的利用率，也优化了用户知识服务体验，为智慧化知识服务提供了保障。

2. 智能空间再造

传统的藏阅一体的图书馆空间已不能再适用智慧化图书馆服务，改变现有图书馆空间，打造智能化功能空间已成必然。5G网络具有的较高传输速率、无线覆盖性能、超低时延特性为图书馆智能化空间再造提供了良好的网络基础，再结合人工智能、大数据、云计算、VR/AR虚拟增强现实技术等新兴智能化技术可完美实现图书馆智能化空间再造和智慧化服务。依照数据获取的过程可将智能空间再造分为三个层次：一是智能感知层，布置摄像头、定位装置、红外感知器、蓝牙、浏览器、搜索引擎等传感器设备，智能感知智能空间中用户的行为信息和场景信息；二是数据传输层，通过5G网络将采集到的信息数据实时、准确、可靠地传递到云平台；三是智能化数据处理层和应用层，获取到的数据通过各种人工智能技术进行分析和处理，并将智能化关联性结果反馈给用户，以提供智慧化知识服务。另外，建立学习环境的研讨空间、创客空间和多媒体开放空间，为用户创建知识交流场所，也是图书馆智慧化知识服务的一种延伸。

3. 核心人才培养

知识服务除了拥有智能化的设备外，高素质的知识馆员是必不可少。馆内人员学历水平和背景不一，所学的专业也各不相同，将馆内所有人员进行相关技能培训，效果不佳，所以需要根据人员的自身优势进行不同的分工，才能各司其职，实现人才利用最大化。如果人员编制需求缺乏，可优先梳理馆内人才库，挑选有计算机、大数据挖掘、信息技术、情报学专业知识及有相关工作经验的馆员组建知识服务团队，列为核心人才队伍。再对核心人才队伍着重从以下三个方面展开培训和指导：一是进行专业知识方面的培训，如外出学习或邀请业内专家来校进行专业知识服务方面的培训和指导，以提高团队人员知识服务的能力；二是进行知识服务意识和人文素养方面的培训，让馆员深刻理解以人为本、用户至上的理念，深入贯彻到日常工作中去，重视收集用户使用知识服务后的反馈的工作，根据用户的反馈和评价不断优化和完善知识服务，来获得用户更多的满意度；三是进行时间管理、创新能力培养、沟通技巧等方面的培训，以此全方面提升馆员的综合素质，使其成为复合型专业人才，为图书馆智慧化建设献言献策，创新服务模式并优化服务质量，提升图书馆智慧化知识服务水平。

（三）创新技术

智慧技术是高校图书馆智慧服务的有力支撑。首先，高校图书馆要保证馆内技术的易用性和安全性。技术的革新虽然带来功能的增强，但是不应增加用户操作难度。技术操作难度较大会增加用户的使用及学习成本，不利于高校图书馆优质智慧服务的实现。安全性要求新技术确保用户的隐私安全。一些智慧设备会读取和收集用户的借阅记录等隐私数据，高校图书馆应确保用户的个人隐私不被侵犯和泄露。在易用和安全的基础上，智慧技术要更多地突出"智慧"，强化用户在使用馆内技术时的交互性和代入感，沉浸式的阅读体验能显著提升高校图书馆智慧服务质量。

二、智慧管理方面

传统的管理模式备受高估，不利于智慧服务工作的有效开展，最终导致服务质量和预期目标存在明显的差距。对此，高校图书馆需要注重传统管理模式的有效突破以及改进，着眼于个性化信息服务工作的现实条件，将一对一的服务和点对点的服务工作融为一体，确保智慧服务的针对性以及方向性，真正降低前期的服务成本，实现经济效益的最大化。其中思想的束缚最为关键并且影响较为深远，高校图书馆需要转变传统的服务理念，真正实现被动向主动的有效过渡，始终坚持以用户为中心的服务理念并且贯彻落实到位。结合每一个用户的个性化发展需求来提供用户所需要的信息资源，保障智慧服务工作能够发挥应有的作用，高校图书馆也能够在这样的现实背景下实现全方位的发展以及调整。

三、智慧环境方面

智慧化的图书馆环境也能提升高校图书馆智慧服务的质量。智慧环境既包括狭义上的馆舍空间和阅读环境，也包括广义上的管理环境和制度环境。首先，高校图书馆应通过科学的空间布局、合理的室内装潢，营造舒适、安静的阅读环境。其次，高校图书馆要加强馆内基础设施建设，保障馆内的硬件设备数量充足、种类完备，能够满足用户的使用需求。最后，高校图书馆的管理层要善于借助先进的技术、设备与系统，构建智慧化的管理平台，对馆内的人员、资源、软件、硬件进行一站式的管理。

四、智慧资源方面

高校图书馆的智慧服务与馆藏资源的智慧化密切相关。高校图书馆要想做到馆藏资源的智慧化，首先应对馆藏资源进行整合。高校图书馆对馆藏资源、开放获取资源等数字化馆藏资源进行多源馆藏资源融合、多模态资源整合、碎片化处理、细粒度语义关联等以实现智慧图书馆资源"藏而为用"。其次，高校图书馆应根据本校专业开设情况、研究领域分布情况以及用户的使用习惯，对馆藏资源结构进行优化。高校图书馆要适当增加借阅率高的学科和品类的资源馆藏比例，减少使用频率较低的资源馆藏占比。最后，高校图书馆应通过大数据与云计算技术，分析了解不同用户的需求喜好，有针对性地推送个性资源。

五、智慧服务方面

（一）积极创新信息服务模式

互动服务模式所发挥的作用有所区别，对于智慧服务工作来说，多种服务方式之间的有效组合最为重要。图书馆需要主动促进信息服务方式的丰富化发展，关注图书馆与读者之间的双向沟通以及交流要求，进一步增加服务方式。结合读者的阅读需要，主动与其他图书馆保持联系以及互动。用户可以直接在图书馆网站中了解自己所需要的信息，在不同的沟通渠道中实现信息资源的优化利用和及时共享。

有的高校图书馆主动站在不同的角度，着眼于智慧服务工作的特殊价值，鼓励读者自主填写不同的表格，通过读者购书意愿单的形式来鼓励读者主动地向图书馆推荐自己感兴趣的文献资料。这一点有助于更好地改进服务方式以及服务理念，确保对症下药。在信息时代背景之下，读者还可以直接在网上完成文献预约以及网上文献传递等工作，与图书馆保持密切的联系。图书馆可以结合读者的信息反馈情况，针对性地调整后期的智慧服务方式，充分体现科学化服务工作的人文性。从另一个角度上来看，图书馆需要主动调整自身的工作模式，结合每一个用户的特定需求，提供有价值有意义的个性化服务，主动了解用户的兴趣爱好，积极搜集与用户相关的各类信息并及时提供给用户。采取层次化的服务测评以及服务手段，更好地满足用户的个性化需求，实现服务资源的合理配置及利用。

（二）进一步提升服务质量

与其他的服务模式相比，智慧服务的实战性更明显，对管理工作人员的要求较高。对此，高校图书馆需要积极地提升服务水平，为后续服务质量的提升打下扎实的基础。图书馆管理工作人员的工作经验以及综合素养与智慧服务工作的顺利开展密切相关，优质的高校图书馆管理离不开具有一定思想文化素质的管理工作人员。

高校需要进一步调整目前的管理策略和思路，加大对图书馆综合素质的教育工作以及培训工作的投入和支持力度，确保其能够灵活掌握丰富的高校图书馆专业知识以及管理技巧，积极利用各种网络技术以及计算机操作技术。从多方面出发，在提升自身综合素养的基础上主动改进传统的服务管理模式。另外，图书馆管理工作人员自身还需要注重抓住各种学习和晋升的机会，始终坚持与时俱进以及循序渐进的理念，进一步挖掘用户的潜在价值，灵活利用各种现代信息服务技术以及手段，突破传统管理模式以及服务模式的束缚及障碍，促进管理资源的合理配置。图书馆管理工作人员需要主动参与各种科研活动，在良好服务意识的指导下与科研人员保持密切的沟通以及交流，满足科研人员的真实需求，进一步提升后期的智慧服务质量和水准。

六、智慧馆员方面

相对普通馆员，智慧馆员在数据利用、专业知识、认知与决策、科研服务、教育教学等方面应具备更高的素养，在一定程度上可以理解为智慧馆员是高校图书馆的业务能手、数据专家、科研达人、教育行家的综合体。首先，高校图书馆要明确智慧馆员的发展定位。人工智能、大数据、物联网、边缘计算技术极大地推进了智慧图书馆的发展。高校图书馆在对馆员进行培养时应注重智慧技术和技能的培养。其次，高校图书馆应强化馆员的学科专业知识，要求馆员既要"专一"，又能"广博"。最后，高校图书馆应当加快科研协作环境建设，促使馆员参与或主导科研活动。

第五章 大数据下高校图书馆信息服务创新模式

本章内容为大数据下高校图书馆信息服务创新模式，主要从两个方面进行了介绍，依次为大数据下高校图书馆移动信息服务、大数据下高校图书馆个性化信息服务。

第一节 大数据下高校图书馆移动信息服务

一、图书馆移动服务相关概念

（一）移动图书馆的概念

早在1946年美国图书馆协会提出移动图书馆的概念，称为"流动图书馆"，主要是为了用大型车辆给偏远地区的读者运送图书馆书籍，因此也称为"汽车图书馆"。但这种服务方式所受限制较多，无线技术也逐渐发展起来，使得移动图书馆的表现形式发生了很大的变化，人们对移动图书馆概念的理解也在不断改变。直到1990年，美国圣路易斯出现了"电子流动图书"，这一概念来自于公共图书馆专家Alloway R，它也是数字图书馆的来源，将书籍信息内容通过电子传输的途径送到用户手中，方便快捷。在新世纪网络技术快速发展的背景下，移动智能终端越来越普遍，移动图书馆服务主要由智能手机提供，也可叫作"手机图书馆"。目前对于移动图书馆的概念的界定并不统一，人们主要认可的是移动图书馆是相对传统图书馆而言的，主要功能都是向用户传递信息资源及提供信息服务，最早被当作是装载和运输图书的车辆，随时移动，为读者传递信息，后来又转变成通过移动设备传播信息和资料，可以实现任何人在任何地点查询访问图书馆的功能。相较于传统图书馆，移动图书馆在于用户可以不受时间地点的限制，随时随地运用网络和设备平台，对图书馆信息资源进行各项操作。移动图书馆运用各种互联网技术，在多种移动终端上，为用户提供各式各样的服务模块，用户可依据自身需求自主选择服务，是一个便捷的智能平台。

（二）高校图书馆移动服务概念

高校图书馆移动服务是一种以移动技术为基础，使用户随时随地通过移动设备对高校图书信息资源进行借阅、咨询等的一种新型图书馆信息服务方式。目前，高校图书馆移动服务方式主要有手机软件、微信、微博等移动服务方式，这些都是图书馆向用户提供数字化信息的服务形式，也是图书馆服务重要的一部分。

二、微信在高校图书馆移动服务中的应用

（一）微信

1. 微信的概念

2011年1月，腾讯公司经过大量的市场调查和分析后，将微信推向了市场，微信也是将传统短信模式进行改造和升级。为移动终端带来的一款具有颠覆性的免费即时通讯软件。微信的发展壮大离不开互联网的高速普及，一经问世，就获得了广大用户的认可与好评，在市场中的占有率迅速提升。微信项目的创建最开始是受到Kik的启发。当时Kik软件一问世，在半个月时间里就有百万用户的使用量，这一成绩获得了行业的广泛关注。通过对Kik进行了解，发现其本身属于即时通讯软件的一类。腾讯的研发人员非常重视。之后其同CEO马化腾进行了邮件沟通，在邮件中建议腾讯可以发展该方面的业务。由此马化腾也明确将"微信"确定为该产品的名字。

微信这一即时通讯软件，自诞生之初就属于免费应用程序。其名字的来源就是微型信件的含义。用户将信息发出，其无法知晓对方是否在线，由此可以看出微信本身不存在在线以及离线之分。微信主要使用的并非是UDP协议而是之前的HTTP协议，微信的诞生具有现实意义。从互联网应用的灵活性来看，微信相比腾讯之前的即时通讯软件QQ而言拥有更加出色的灵活度。

2. 微信的特点

即便微信诞生的时间短，可是其发展的势头却非常猛烈。通过对艾瑞咨询所的相关数据报告进行研究，在2019年上半年，微信还有微信国际版WeChat活跃账户数量已达6.0亿。并且微信由于自身具备了超强的私密性和传播精准性以

及其具有的强大粉丝基数等这些优势，从而使得微信变成了企业普遍使用的营销方式。

微信具有即时性，表现在发布、传递和接收等方面，但是这种即时性是必须在有网络的情况下才能实现。在微信中，不管是人机交互还是用户之间的交互，其相互间都保持平等的状态，信息传播方向以双向性为主。在微信之中也包含了可撤回功能，该功能的存在使得信息发出者可以对信息进行主动掌握，并且这项功能也使得交流互动性提升。微信最开始的时候其信息传播主要是以"点对点"为主，而后也逐步地变成了多点传播。微信功能之中的"点对多"通常体现在微信公众平台、群聊、朋友圈等方面，其拥有较强的发散性。目前微信已经不单单作为社交软件，其中也包含了众多的商家，微信本身还兼具支付功能，各项功能的普及极大便利了民众的生活。

（二）微信图书馆

1. 微信图书馆的内涵

微信图书馆是一种以微信为平台、以图书馆知识资源为内容的新型图书馆，以微信公众号为平台构建出图书馆网络平台。微信图书馆以微信公众号为服务载体，用户可以通过微信公众号随时随地关注和使用微信图书馆。微信以人际关系作为满足人们信息需求的纽带，并将信息传递作为实现用户信息共享和自定义传播形式的一种手段。微信图书馆充分继承了微信的便利性、高效性、快速性和易操作性。采用微信公众号与图书馆系统相结合的方式，方便用户查找资料、阅读文章、借书还书、预约选座等。各大高校陆续创建了微信图书馆的公众号，使用微信公众号对图书馆服务平台进行管理已经逐渐成为一种趋势。

2. 微信图书馆的特征

自微信推出并被人们所广泛应用以来，微信的即时性、互动性、开放性、易推广性以及便捷性等独特功能被广泛应用于各类图书馆服务当中，不仅创造了新的图书馆服务理念，而且打造了图书馆与用户之间的交流与互动的新型平台，为图书馆服务开辟了新的发展道路。与传统图书馆服务的单一性与迟滞性相比，微信图书馆有效提高了信息服务的全面性与及时性。另外，微信图书馆适应时代发展，具有建设成本低、周期短等特点，还可根据用户的需要进行使用设置。微信图书馆的特征主要包括微信图书馆服务个性化、微信图书馆服务类型多样以及微信图书馆服务便捷化。

(1）微信图书馆服务个性化

许多高校将校徽作为微信图书馆的头像，不仅体现出微信图书馆的个性化，也便于用户将其与其他图书馆进行区分。在网络环境下，微信图书馆可以通过交互式信息交换平台与用户及时通信和交流，例如预约书籍、预约选座、新书到货、演讲预定等服务。此外，在许多微信图书馆主页面上，可以自定义设置菜单内容，用户可以通过自己的实际需求在微信图书馆主页上进行定制，根据喜好设置针对性的书籍推荐服务、页面布局设置和通知提醒服务，满足了不同用户的需求。

（2）微信图书馆服务类型多样

微信图书馆的发展正逐步走向多元化服务的趋势，微信图书馆可以为用户提供更加多样化的服务，以满足用户自己的使用需求。微信图书馆主要设置"资源流通""信息推送"和"预警服务"三个服务领域，最大限度地满足用户的多种服务需求。

资源流通服务对于微信图书馆而言是最广泛和最基本的服务项目，包括发布公告通知、查询和检索资源、借阅图书等。此外，微信图书馆在阅览室引入了剩余空座显示和预约选座功能，为用户进入图书馆进行阅读提供了便利。一些微信图书馆已经启动了座位预订服务和更多的信息查询渠道，用户使用电子设备就可以查询信息、预约选座。资源流通服务是用户认为最重要且最频繁使用的服务。

信息推送服务可以帮助用户通过微信图书馆了解图书馆的最新发展动态并获得有效的信息。此外，微信图书馆还具有强大的信息发布功能，能够及时、有效更新信息。

预警服务能够时刻提醒用户一些注意事项，微信图书馆会在借用的图书到期之前通过微信客户端的推送提醒用户及时还书，有效避免了用户因不记得还书日期而造成不必要的经济损失。预警服务更为微信图书馆用户提供了便利，用户不必时刻记录自己的借书还书日期，只需要根据微信图书馆的通知进行退还。此外，用户还可以通过微信图书馆的服务查询自己的借阅记录和相关书籍，可以随时了解到自己阅读过的书籍以及预约书籍是否被归还等。

（3）微信图书馆服务便捷化

移动性是微信图书馆最重要的特点，微信图书馆的最大优点是，用户在访问图书馆资源时不再受时间和空间的限制，只要他们使用无线 Internet 访问微信图书馆，他们就可以随时使用微信图书馆的各种服务，可以提前预约选座，随后再到图书馆进行阅读。此外还可以随时随地阅读图书馆各类资源，并且可以直接使用自己的移动设备阅读书籍，还可以根据自己的实际情况选择在线阅读或下载后阅读。微信图书馆可以为人们提供方便、灵活、安全、快速的信息查询、获取和阅读服务，用户在乘坐交通工具或闲暇时就可以用电子设备查阅微信图书馆的文献资源，从而进行阅读，这使得用户可以充分地利用自己的零碎时间阅读。这些服务不仅操作简单，不受到时间的限制和空间的限制，还不受设备的限制，为用户提供了便利。

（三）高校图书馆微信公众平台

1. 微信公众平台信息服务

微信公众平台信息服务指信息提供方通过微信公众平台以数据化的形式将信息资源传递到客户端，以满足用户的信息需求。微信公众平台在开放第三方开发接口后，又逐渐开放了各种接口，由此得到了迅速扩展。各大网络公司将此技术应用到各自的业务中，通过微信公众平台提供信息服务。从此，微信公众平台快速融入各行各业，成为各领域提供信息服务的主要应用平台。

微信公众平台通过提供信息服务，为用户提供了更好的信息搜集途径。个人不仅可以通过微信公众平台获取信息，还可以在平台中发布信息、营销自己。微信公众平台使信息提供方更好地提供信息，也帮助用户更加方便、有效地利用信息。

2. 高校图书馆微信公众平台的优势

（1）信息实时推送服务

通过微信公众平台可以实现信息实时推送与发布，在传统的信息服务中，高校内学生必须进入学校图书馆采取信息问询，由于图书馆内部人数较多，问询需要排队，浪费了宝贵的学习时间。而在建立微信公众平台后，图书馆公众人员会使用该平台为学生实时推送学习资料、考试时间、校园讲座日期、图书馆规章制度等一些详细信息。教师和学生之间可以进行转载和分享，在为学生提供便利、节省时间的情况下，还可以扩展学生的阅读渠道，提高图书馆形象，同时将学校、图书馆、教师与学生紧密相连。

（2）图书馆业务服务

构建微信公众平台不但可以提供信息推送业务，还可以办理相关的图书馆业务。学生在查询资料时，只需要在公众号中填入图书的书名和作者信息等关键词语，就可以准确、清晰地查询到图书的详细内容、借阅情况。与此同时，还可以方便学生在线搜索和预览学习资料，学生可以先通过公众号进行查找，确认资料符合学习需求后，再去图书馆进行浏览和借阅，避免出现学习时间浪费的现象，为学生的生活和学习都带来了较大的便捷。

（3）咨询和互动服务

通过微信软件和微信公众平台的有效结合，促使学生与公众号能够更加灵活地进行互动。图书馆管理人员可以使用手机与学生进行实时交流，利用手机的便捷性，能够及时、准确地回答学生提出的问题和不解，在沟通的过程中可以不再使用单一的文字进行交流，通过公众号中包含的语音、视频和图片，开展有趣、丰富的互动交流。

3. 高校图书馆微信公众平台服务模式

（1）推送服务。高校图书馆可利用微信公众平台进行实时信息推送服务，便于师生掌握和了解最新资讯，这些信息可包括阅读活动信息、具有阅读价值的文章、时政热点等。具体而言，阅读活动：包括读书会、阅读讲座、阅读交流会等，通过在平台上推送活动信息，使学生了解活动的举办时间、地点等信息，不仅可降低阅读活动推广成本，还可提高阅读活动的知晓度，进而促进学生走进图书馆进行阅读，激发学生的阅读兴趣。文章阅读：高校图书馆通过转载或者原创一些精品文章、深度论述，能够更好地针对学生的学识进行丰富、对学生的视野进行开阔，保证学生可掌握书本教材外的知识信息。热点、时政：高校可搜集整理一些社会热点问题、时事政治评论等具有价值的评论文章，通过平台推送的方式，吸引学生关注、讨论，以此帮助学生更多地了解社会发展，增强其社会责任感，提高其参与社会建设的积极性。微信公众平台功能非常强大，推送内容可增添图片、视频等，因此高校应合理利用其功能，丰富推送信息内容和推送形式，增强推送信息的感染力。

（2）电子阅读服务。电子阅读服务是指师生可在手机、电脑等电子设备上直接进行阅读活动。随着计算机网络技术的不断发展，移动图书馆相关技术也相对成熟，其图书资源丰富，阅读方便，得到越来越多人们喜爱。电子线上阅读标志了人们进入了一个新的阅读时代，符合时代进步要求。与传统移动图书馆相比，由于传统移动图书馆拥有更久的发展时间，使其功能更加强大，可很好满足广大用户的不同需求。但移动图书馆 APP 的用户数量远不及微信用户。总体而言，在微信公众平台开发移动图书馆，为用户提供电子阅读服务的更便利渠道。但作为一个新兴发展平台，其功能未必完善，还不足以满足广大用户的所有阅读需求。因此，高校应注重微信移动图书馆的开发，对其功能进行不断丰富，为师生提供高质量的电子阅读服务为目标。

（3）借阅服务。高校师生的阅读需求不尽相同，如只提供传统的阅读服务，将很难满足师生的阅读需求。因此高校图书馆可应用微信公众平台提供优质的阅读服务，打造信息化现代图书馆，加快图书馆信息化管理进度。第一，可在微信公众平台中建立图书借阅管理功能。一般情况下，为提高图书的利用率，图书馆会对图书借阅时间进行限制，不可避免地令确有需求的人频于奔波续借，增加了一些人的借阅顾虑，某些程度上抑制了图书馆的利用率。因此，可在微信公众平台中加设图书借阅功能，学生可在手机上进行图书续借工作，减少学生不断往返图书馆的麻烦。同时，学生可提前预约或查询想阅读的书籍。第二，可创设图书搜索功能。以往，图书馆将不同的书籍进行分类，将同类型的书籍摆放在一起，完成馆内的布局。对于图书馆工作人员而言，可以快速找到所需书籍，而对于学生而言，其对馆内书籍摆放并不了解，提高了寻找目标书籍的难度，浪费学生时间的同时，也在一定程度上降低了阅读兴趣。为此，可建立更实用的图书搜索功能，方便学生尽快找到所需书籍。总体来说，高校图书馆应充分利用微信公众平台的功能，为学生阅读提供便利，提供高质量的阅读服务。

（4）拓展服务。通过微信平台的利用，以往一些不方便开展的服务，也可以开展起来，让师生们更好地享受到科技带来的便利。第一，增加预约占座服务。高校图书馆人流量具有一定规律和可控性。并且有很多利用图书占座却人员不到的情况，造成一定的资源浪费，利用图书馆微信公众平台的预约占座功能，既可以预约占座，又方便控制占座不来现象的发生，既方便学生学习，又减少了很多纠纷的发生，同时可有效控制图书馆人流量。第二，增加咨询服务。高校图书馆可利用平台发起问卷调查活动，收集整理学生的建议，并以此加强咨询服务建设，提高咨询服务水平。增加人工咨询服务专区，设置专业教师解答问题，通过便利互动，解惑答疑的同时，也可以提高学生阅读的兴趣。

（四）高校图书馆微信公众号服务平台

1.图书馆微信公众号服务平台概述

以微信平台为蓝本，为满足企业的多样化营销需求，微信团队在2012年8月基于充分考虑和分析的基础上推出微信公众平台，以允许企业以及个人借助平台实现同指定群体的图片和文字以及视频等全方位的互动和沟通，除此之外也为用户提供具有价值性较高的信息咨询服务。借助公众平台，不论是企业还是个人都能够开展公众号的申请以及自媒体活动，这样便于企业开展线下以及线上互动营销。

微信公众号在推送内容文章和时候主要是以群发消息的方式，并且借助音频和图文等不同方式对关注者推送相关的内容，用户对于这些信息的接受也是被动的。同时平台推送信息的数量每天也有限制，这样做也是为了能够规避打扰用户的情况出现。用户在公众号之中能够同其开展交流。从企业的营销渠道建设来看，其对于客服系统建设的资金就可以节约，企业只需要借助公众号就能够达到展示、推送信息和同客户交流的目的，由此也极大地压低了企业的营销成本。在公众号之中也会有赞赏和互动评论的功能，这样也使得用户的互动性有所提升。在微信公众号之中也包含了一项功能是开发者模式，该模式允许将特色功能拓展。图书馆为了便于开展用户服务，其一般都会在公众平台中植入书目检索以及借还书系统，这样也将烦琐的操作步骤省去，同时用户登录公众平台不需要记住密码以及账号信息，其具有较高的便捷性。

2. 高校图书馆微信公众号的功能

（1）信息的自主推送。这是一项最基础的功能，用户只要是通过微信关注图书馆的公众号，就能接收图书馆的动态推送，例如，图书馆推出的文章、最新消息、公告通知类、常见的问题等都是可以通过该公众号，来获取这些相关信息的。

（2）实现一户一号。用户可以通过微信公众号登录自己的账号，一个用户对应一个账号，可以对账号进行个人信息维护完善，并查看自己的借阅史，账号不再使用，也可进行注销。

（3）可查找、可预约。为解决广大用户查找难的问题，大部分图书馆微信公众号都设有查找功能，用户可以通过搜索作者或是书名或是关键词，自动为你陈列出相关的图书，供你选择需要。它会列示出你需要的图书的具体详情，图书的陈列馆、状态等信息，省去了你到图书馆咨询的麻烦，若图书正处于被借状态，我们也可以通过该公众号，进行预约排队。

（4）借阅提示。对于拥有自己账号的用户，公众号还设定了借阅提示功能，当你所借的图书临近归还的日期时，系统会提前发送信息给你，提示我们做好归还或续借的准备，这点设计对用户使用很方便。而对于之前预约借书的用户来说系统也会对图书的状态进行实时追踪，图书到馆会立即提醒你可以进行借阅。

（5）信息资源共享。我们可以在公众号中查询到所处高校的数据库信息，满足我们不同需求下的信息资源共享。

（6）签到领积分。为了鼓励并激发广大用户的使用频率，还推出了每日签到领取积分的活动，用户可以通过签到或是通过日常活动来赚取一定的积分，积分积累到一定值可进行一定形式的奖励。

（7）实现用户间的交流互动。相比之前传统的交互模式，微信公众号的使用省去了信息互传的烦琐，取而代之的是可以直接借助公众号发送消息或留言。将自己所遇到的问题直接反馈到公众号中，图书馆经营者可以通过微信公众号直接给予解答，这样就提高了信息传递的效率。

（8）小程序功能。越来越便捷的操作就是小程序功能的使用，可谓是微信的一大拓展功能，像是占座等实际问题可以通过这一快捷功能去实现，用户打开微信也可以迅速进入到图书馆中。

（9）数据统计功能。管理员可以通过微信公众号的后台来掌握图书馆微信的实际使用情况，及分析用户的需求，及对公众号的反馈，以便更好地完善。

3. 图书馆公众号在高校图书馆信息服务中的价值体现

（1）提高信息资源的使用。高校图书馆服务的主要对象是高校师生，目前高校师生已经成为图书馆微信公众号的主力军，他们通过微信公众号可以更便捷地获得图书馆的资源和服务，这无疑就提高了图书馆信息资源的利用率。

（2）降低信息服务的成本。相对于其他类型的开发费用，借助微信平台开发信息服务花费的成本数额要低得多。众所周知，高校图书馆承担的是公益职能，属于公益性的事业单位，这意味着图书馆可以自由支配的资金额较少，所以借助低成本的微信平台开展自身信息服务十分适合。同时借助微信平台的帮助，还可以减少对人力的需求，目前的微信功能都支持外部连接等方式，读者通过这一技术，可以实现查询和自动回复的服务。

（3）增强图书馆在用户中的影响力。微信公众号为图书馆提供的新的服务空间，拓展了其用户范围。这种便于用户随时随地获取信息的移动方式使图书馆服务无处不在，用户的需求能够得到随时随地的满足，图书馆若能提供高质量的信息服务，将会提高用户的满意度，其在用户中的影响力会得到有效增强。

（五）高校图书馆微信小程序服务平台

1. 小程序概述

小程序自己有着轻便和简化的优势，虽然问世时间较短，但是在图书馆管理和运营商取得了非常快的发展，借由微信小程序本身具有轻便和小巧的特征，同时其还具有其他功能。特别是开发者功能，开发者在进行日常开发过程中，可以借助 API 接口为其提供更多元化的服务，通过相应的授权，开发者们通常能够将自己的小程序发布于平台，与各大应用市场上线各类软件的思路相似。

2. 小程序的功能

详细的了解小程序的功能发现其主要包含3个。首先其无须下载。使用小程序只需要打开搜索就能够找到并且使用。这样就将之前的下载以及注册等流程通通省略掉,从而使得用户以及服务的距离不断贴近,做到来之即用,用完即走。其次,能够在微信之中完成联动。微信具有众多的功能,比如说人们熟知的订阅号和公众号以及朋友圈等,而小程序能够同这些功能完全的结合,这样就确保了小程序强大的可扩展性,从而使得其应用场景变得更多,而达到的传播效果也更好,在信息传播上可以做到类似于病毒式的传播。最后,具有较低的开发成本。同 APP 开发相比,开发小程序方面本身所需要花费的资金较少,并且在开发时间上也较短,可以保证企业的营销效率。小程序主要采用的模式以 web 开发模式为主,使用 react 来将"组件"实现,并且借助 vue 来将数据和标签式逻辑有效地进行绑定,采用 require 来引入 js,这些都表示小程序不论是在门槛还是在开发难度方面都不高。

通过对上面所阐述的3项功能特征进行分析,市场各个领域中都已经逐步开始使用小程序,并且微信小程序的应用也获得了巨大的成功。"蘑菇街"在发展的过程中开通小程序服务,从而让其业务量得到了大幅度的提升,据了解其新客户的数量提升了近 300 万。公交运行也与微信小程序融合,所有的乘客只需要完成扫码就能够支付,较之前的刷卡支付更加具有优势,便携性和便利性都有提升。

3. 小程序与图书馆信息服务

从图书馆管理者的视角来看,小程序与图书馆管理的相关体系与内容进行融合,其核心的因素来自于3点。第一,图书馆主要提供的就是服务。而小程序的出现主要解决的问题就是被服务方以及服务方之间距离以及门槛的问题。第二,图书馆有极强的场景特点。读者在图书馆外、图书馆内触发不同的需求,都有极强的场景性。小程序在场景服务方面有很大的优势,很方便地打通线上和线下服务,提升服务品质。第三,在图书馆之中馆藏书籍较多,资源数量大,品目种类庞大,在大量的资源中进行筛选是较为困难的,但是借助小程序就能够在短时间内将这些资源高效的找出,便于在馆读者的使用。通过对以上三个不同方面的原因进行分析和了解能够看出,图书馆以及小程序的融合能够使得图书馆的服务水平有大幅提升。

(六)高校图书馆微信阅读推广

高校图书馆是高校师生学习工作和信息获取的重要场所,图书馆承担着高校阅读推广与资源服务的重要作用。想要让师生可以快速了解图书馆学术信息并且充分利用图书馆资源进行科研服务，阅读推广服务就显得尤为重要。只有图书馆的阅读推广同时具备及时性和精准性，才可以得到良性的发展。而微信平台作为新时代背景下高校图书馆服务的新阵地，承担着引导和推动高校师生阅读和科研的重要使命，其优势也是非常明显的。

（1）学生年轻高学历，且接受新鲜事物。高校的学生群体本就是最为年轻，也是使用手机频率相对较高的群体。在图书馆微信公众号发布信息数据资源、新闻介绍等内容，学生可以第一时间获得信息，是最为快速便捷、收获率最高的方式之一。

（2）微信不受时间和空间的限制。通过微信公众号平台推送讯息相较于其他方式更为快速便捷，而且不受时间和空间的限制。微信公众号平台资源信息推送方便，如要及时发布数据讲座等消息，可省去海报打印的人力物力，不必再有寻处张贴位置的烦恼，也不会因为时间太晚无法及时向师生传达资讯。微信公众号平台发文及时性强，能形成链式传播，在提升高校师生信息素养方面发挥着举足轻重的作用。

（3）微信互动性良好。微信公共平台可以为读者提供更多的互动服务，以满足其体验需求。在图书馆公众号发布的微信推文后，读者可以在评论区给公众号留言，图书馆可以以最快的方式了解学生的用户需求。官微后台发布者可以在评论区对读者留言进行回复，通过互动给师生提供反馈。而且评论区留言被精选后，可以让所有该推文的读者阅览到，这让微信后台发布者、评论区读者和其他读者形成良好的交互关系。这样不仅促进了读者活跃性，而且提高了用户的满意度。

（七）微信图书馆信息服务存在的问题

1. 宣传工作不到位

（1）微信宣传内容形式单一

微信推文宣传效果不理想，很大一部分原因取决于宣传文案内容本身的创新性不够。其原因可归结于以下两个方面：一方面是受图书馆本身策划活动的影响，有些高校图书馆每年常规性组织形式的活动，年复一年形式单一。活动本身的吸引度不够，微信宣传更加不能激发师生阅读推文的兴趣，更不要说参与活动了；另一方面原因，主要是微信文案的标题不够吸引人，或者文案内容的可读性不强，无法激发读者的兴趣。

(2) 微信宣传推广不够完整

图书馆活动的展开有一个持续完整的流程，微信宣传推广也应该具备其完整性。一般在活动开始之前，我们都会在图书馆官方微信发布活动细节介绍等信息做宣传。活动开展的过程中以及活动开展的结果或评价环节微信上的推送就很少了。如果我们在图书馆活动微信推文宣传时注重完整性，才会吸引更多的人关注，活动开展持续性才会更好。

2. 消息推送时效性差

高校图书馆微信公众号的使用，是为了更好地方便众多师生读者对图书馆资源的利用查看，及对院校最近相关主题活动的掌握，可是一部分高校图书馆在执行过程中，并不可以保证消息立即推送，而且微信公众号服务平台信息升级也没有规律性，内容不足。有的仅仅设计了一些基本的作用菜单，实际上打开菜单之后都是空白，而且有的内容早已很长时间没有升级，更没有专业工作人员对微信公众号开展经营与维护，这促使微信公众号失去了存在的价值。

3. 微信聊天群存在局限性

微信聊天群的人数设置有限额，不能确保感兴趣的读者进入同一个图书馆读者服务咨询群，因此，为扩大服务受众，图书馆馆员应尽可能多建立服务咨询群，但这样直接增加图书馆馆员的工作量。此外，因读者数量大与微信用户的功能问题，管理员无法逐一核实进群的读者身份，因此会导致广告商进入读者咨询服务群散发广告，阻碍读者服务信息传递的有效性，降低图书馆对读者服务的效能与使用感。

4. 平台信息服务有待更新

近些年来，我国许多高校图书馆普遍都开通了微信公众平台，其中主要包括阅读咨询、图书借阅、图书检索、电子阅读和信息推送等功能，但由于平台推送的信息不够及时，推送的文章质量较低，其中多为转载内容或是低俗的通知和广告，严重降低了校内教师和学生对该平台的使用兴趣。由于服务缺乏创新，虽然许多教师和学生会关注图书馆的微信公众号，但想要引起更多师生的关注具有较大的难度。

5. 缺少专业的运营管理人员

优质的服务平台离不开专业人员的管理，但大部分的高校缺少专业的运营管理人员，不能发挥出平台自身的重要作用。微信公众平台作为我国新时代发展的新型产物，在日常的运营和管理中，离不开专业的技术人员，许多高校缺少对这方面的思考，因此不能全面、合理地使用该平台的功能，最终导致信息推送受到局限。

（八）微信图书馆信息服务优化策略

1. 开发新功能

图书馆若想有良好的发展，必然要做好管理工作，而利用微信平台提高图书馆管理效率就是一个有效的途径。例如，商家可利用二维码，让顾客通过微信"扫一扫"功能即可了解产品详细信息。图书馆可对其进行模仿，让学生通过扫描馆内张贴的二维码，让其了解馆内资源设施、规章制度等情况，提高图书馆管理效率。现如今，各种听书软件相继问世，用户可通过语音了解书籍内容，更加方便、快捷。但由于语音大都建立在智能机器上，使得语音缺乏情感，用户很难将自身带入到文章情景当中，未能获得较好的阅读体验。因此，高校图书馆可利用微信平台开发真人语音阅读书籍功能。选择朗读能力较强的教师，将其朗读内容进行录制，在平台内发表，以便更好地把学生带入到书籍的世界中，学生可选择自己阅读或听书两种模式进行知识获取。或者可鼓励学生投稿，经过筛选，选择情感丰富的音频作为资源，在平台推广，并对符合条件的学生给予一定奖励。一方面可减少图书馆教师的工作量，另一方面可鼓励学生积极阅读，激发阅读兴趣。

2. 创新服务模式

传统的信息服务模式过于单一，在高校图书馆开展微信公众平台时，对其服务质量会起到一定的局限作用，特别是各类软件、App 中的广告信息过于杂乱，给用户带来了严重的困扰，同时降低了阅读体验。为了改善此类现象，在图书馆微信公众平台提供服务的过程中，让用户自行选择系统推送和自主获取两种方式，根据自身感兴趣的话题和内容进行筛选和阅读，对传统信息进行完善和更新，将线上服务和线下服务结合，提升高校图书馆微信公众平台的服务质量。此外，图书馆可以定期在学校内部开展"校园读书"的公益活动，通过微信公众平台为用户传输优质的图书内容，邀请用户参与图书阅读留言，对留言获取好评数量多的用户给予丰富的奖励，通过读书活动丰富校园文化生活，营造舒适的学习氛围，加大图书馆宣传力度，为用户创造更多阅读和学习的机会。

3. 对菜单栏进行优化设置

菜单栏是微信公众平台所有功能的集中体现，是学生使用平台的必经之路，关乎用户的使用体验。因此，要做好对菜单栏的开发、设计和利用。一是高校图书馆要对自身的服务项目进行整理，完善菜单栏上对服务功能的设置，尽量避免菜单栏上的服务项目与实际不相符现象的发生。可将电子资源阅读加入到菜单栏中，方便图书馆的管理和完善服务项目，方便用户阅读或者下载电子图书资源。二是在菜单栏设置的过程中，要给予相应的技术支持，保证其适合手机终端的正常使用。以往在使用高校图书馆微信公众平台时，打开菜单栏有时会出现乱码、连接失效等现象，严重影响用户使用体验，长此以往会导致用户的流失。因此，在菜单栏设置过程中应注重技术支持，减少技术性问题的发生。三是要对菜单栏进行合理排序，根据学生选择使用频率，将使用频率较多的功能放在菜单栏的中间部位，方便学生选择操作。同时将各项功能进行分类整合，尽量减少主菜单的页面。对图书馆的特色功能增添醒目标记，提高学生对其使用兴趣。在菜单栏中可添加图书馆的联系方式，方便用户与图书馆保持紧密联系。

4. 拓展微信公众号的服务范围

建立微信公众号服务平台，不但能够服务该校师生读者，还可以面向校外进行服务。高校能够利用微信公众号，将校内信息传送给社会，能够促使社会上的读者对高校有一定的了解，社会读者能够在微信公众号上有偿利用数据资源，能够阅览电子书，查询有关专业知识信息，那样既提升了高校图书馆资源的利用率，也有益于推动全民阅读。图书馆的微信公众平台还可以按时进行学术交流会、读书感悟共享及学习培训专题讲座等活动，能够让社会读者很便捷地查看院校图书馆的有关信息，提升社会读者与高校图书馆的互动交流，从而提高院校在社会上的知名度和影响力。

5. 官微上呈现良好的视觉效果

读者对美的事物普遍具有理解和感知的天性，图书馆官微推文的视觉呈现做得好，才可以吸引更多的学生用户，达到更为优质的宣传效果。

（1）标题吸引人。微信推送的标题吸引人，读者才会有点击的欲望。因此，图书馆官微策划的馆员可以更多地关注正能量的流行网络用词，精心考量写出吸引人的标题推送。高校大学生本是追求新鲜事物的赶时髦的群体，如果能激发起他们阅读的兴趣，自然点击关注的频率就高。

（2）排版好看。人类对好看的事物会更为偏爱和认可，特别是高校师生群体审美要求较高，自然会更为关注微信推文的呈现效果。我们只有把推文做的排版精良、界面友好，才可以激发读者更大的阅读兴趣。我们选用一些精美可爱、正能量或者卡通的图片，微信推文重点突出，用户可以迅速找到他们所需求的信息，才可以提升用户的黏度。

6. 发布内容与读者服务需求相符

图书馆官微发布的内容必须在综合分析本馆实际，在迎合读者服务需求的基础上充分挖掘学生的需求。比如介绍学科相关数据库等专业资料、好书推荐等，多选取高校学生关注的信息作为发布内容，是可以吸引更多同学关注的良好方式。

7.选用专业人员对微信公众号进行管理

高校图书馆对微信公众号的管理，是影响微信公众号能否正常运营的重要因素。目前，大部分高校图书馆微信公众平台都是兼职人员管理，人员配备与技术有限，对于读者的留言反馈不能及时准确地回应，造成了微信公众号服务水平低，不能正常运营。因此，要选用一些有专业水平的人员来进行公众号的管理及维护，只有这样才能保证微信公众号的正常运行，才能真正起到桥梁的作用，更好地为广大师生读者服务，从而也提高了图书馆馆藏资源的利用率。

三、微博在高校图书馆信息服务中的应用

（一）微博相关概述

1.微博

微博是一种基于关注机制进行信息传播的网络社交平台，通过对微博社群的关注关系进行研究，能够了解社群的网络特征和信息的传播路径，有助于从结构优化的角度促进信息的流通。图书馆微博常作为面向读者发布信息的窗口，是建立读者社群、强化图书馆与读者联结度的主要渠道，活跃度高、粉丝数多的图书馆微博可以强化读者与图书馆的黏度，增强图书馆微博的影响力。

2.微博特点

微博就是基于用户社交关系的网络平台，通过平台进行信息的分享、传播与互动的过程。微博的关注度可以是双向，也可是单向的；微博的内容简介，便于阅读，能直接看出想表达的意思；微博传播力强，每个人都可当传播信息的中介，对喜欢的内容都可转发，一传十，十传百，瞬间能传遍大千世界；微博的互动性很强，可对博主发表的内容进行评论，对自己喜欢的观点也可点赞，或转发到自己的微博里。微博除信息内容的简洁、多样性、传播力强、互动性强等属性外，还有以下特点：

（1）信息内容的简洁、多样性

微博注册、使用简单，不受空间、时间限制，不论是电脑还是手机，只要有网，就能发布和浏览微博；发布的内容简单，微博有140个字符的长度限制，鼓励发表简洁的语言，这就形成了碎片化文本，适应社会信息快速渗透、传播便捷的需要，使网络传播的速度加快，信息渗透能力加强。

（2）传播的互动性和社交性

传统媒体最后带给我们的是制作好的成品，很难听到受众群众的反馈，微博就恰好相反，可进行直接反馈。微博的内容简单，都是博主根据读者的喜爱和需要给出的主要观点。在关注喜欢的博主，以及看博主发布的内容后，就可进行交流和沟通，形成虚拟的社交网络，受众群众也可向博主提供自己的信息，随着交流的增多，博友间的关系也会更加密切。

（3）实时性和认证用户的可信度高

微博网站的即时通信功能非常强大，通过 QQ 和 MSN 就可直接发布，只要在有网络的地方，通过手机就可及时更新微博内容，不受地域的限制。除了文字的报道，还可配发图片、录音或视频进行更加真实和形象的信息传播。微博采取实名认证，发布的消息比较可靠、安全。

3. 微博用户

新浪微博是国内用户数量最多的微博产品，可以支持文字、视频、音乐、图片的发布。它的特点是公众人物的用户较多。目前已经基本覆盖了大部分知名文体明星、公司高管、媒体专家。微博中的自媒体传播有五个特点：（1）平民化：以普通用户为主。（2）自发交流：朋友间相互推荐转发。（3）随性化：没有时空限制。（4）个性化：注重个人表达。（5）圈群化：通过社交圈传播。微博平台的设计特点满足公众的众多诉求：例如微博为用户提供了一个新媒体工具、用户可借助微博平台获取感兴趣的信息、实现自我表达、拓展社交网络以及参与公共事务。

（二）高校图书馆微博应用现状

1. 图书馆微博制度建设有待完善

图书馆微博制度的不完善，同行之间的关注更是凤毛麟角，这是值得思考的地方。图书馆微博多以综合性为主，但综合性却存在着很大的专业缺失，除极个别的专业可提供服务外，有针对性的专业性服务更是少之又少。应特别指出的是：公共图书馆相比高校图书馆方面就有很大的制度完善性，不仅微博更新的频率高而且受关注度也高出很多。

2. 高校图书馆微博之间缺乏互动

依托微博"短""频""快"的特点，图书馆微博发布的内容一般包括书目推荐、活动组织、通知预告等，即由微博平台对关注对象进行一对多的信息扩散，并由"微关系"构建网络社群，增加圈子内部的互动性。目前，图书馆微博之间的关注网络较为稀疏，各图书馆微博之间并没有建立广泛的关注关系，在社会网络中的积极性较低，不利于高校图书馆之间的交流与互动，难以基于微博社群展开业务交流与信息服务。

3. 个性化知识推送服务有待提高

根据读者的信息需求为读者量身定制，为其搜集、整理的信息通过微博将信息推送给读者，系统根据读者的使用频率和倾向，主动将信息传达给用户。系统可自动跟踪用户喜欢博主的哪方面内容，主动推荐相关方面的内容。比如：抖音，用户喜欢就关注，只要更新信息时，内容就会自动传递给关注过的用户。微博是图书馆进行个性化知识推送的理想途径。

（三）高校图书馆微博应用发展路径

1. 促进图书馆之间的交流互动

微博应立足于自身特色，充分发挥网络社群优势，强化图书馆之间的交流互动，提升图书馆微博的服务能力。具体做法可从以下三个方面入手：一是，强化高校图书馆对微博平台的重视，提高微博开通率的同时要注意获取官方认证和规范化命名，以增强微博的权威性，并且应由专门的图书馆业务部门负责微博的运营，包括信息推送、读者互动等，避免微博成为形同虚设的"僵尸号"；二是，提升服务质量，创新内容运营，增强微博对读者的吸引力，即通过为读者提供高质量的信息服务，或发起朋辈推荐、书评等趣味话题，吸引读者对图书馆微博的持续关注，增强读者黏性，维持微博的粉丝量，从而保障图书馆微博对读者的信息传播作用；三是，基于微博的关注机制建立高校图书馆微博社群，即通过高校图书馆微博之间的相互关注，提高社群的网络密度，畅通信息的传播渠道，强化图书馆之间的互动交流。由于在社群内部便于了解各馆服务动态，能够强化馆际学习和业务交流，从而促进图书馆服务能力的提升；此外，还可利用社群内信息传递的通达性，发挥图书馆微博影响力，使之成为联合开展阅读推广等活动的服务阵地。

2. 加强图书馆微博制度管理的建设

微博的即时性以及实用性，微博用户可开放地参与讨论，正是因为微博这种碎片化的特点使微博缺乏一种规范性，尤其是图书馆发布一个信息，这就不是一个图书馆个人的行为，它所传播的信息就具有一种社会性，所以加强图书馆微博制度管理的建设尤为重要。既可保持微博信息传播的健康、有效性，又可及时纠正错误信息以及恶意造谣诽谤言论。在相关的调研中不难发现，高校图书馆微虽然数量很多，但相对的质量却不是很高。要打破这种局面，就要建立健全的微博管理制度。对微博的管理而言，还需有专门的学科人员进行管理，及时地给予读者答复，积极处理读者的意见与反馈，以便于微博的建设与改进。如微博的管理人员存在不足，也可适当地招募志愿者以扩增管理人员，加快图书馆微博的建设。

第二节　大数据下高校图书馆个性化信息服务

当前我国已经全面进入了大数据时代背景，使得高校教育体系也受到了非常显著的影响，涌入了较多现代信息技术元素，使得很多教育模块都实现了较好创新。特别是在图书馆服务领域中，大数据技术的应用使得图书馆信息服务变得更加主动，可以面向各个师生提供个性化信息服务，显著提升了图书馆的信息服务效率。但是需要注意的是，当前我国部分高校图书馆开展的个性化信息服务还存在一定的欠缺，无法真正满足师生群体的个性化需求。

一、大数据环境下高校图书馆个性化服务的内涵

个性化服务是大数据时代高校图书馆重要的服务模式和长久追求的目标，又称为推送服务、精准服务、特色服务，是图书馆依据特定用户的需求而定制的特色服务。早在 2007 年，这项服务就被 Library Thing 应用，他们对符合读者需求的信息进行推送，为读者提供个性化服务。大数据环境下，高校图书馆利用新技术，通过挖掘与读者相关的数据，分析读者的个性、使用习惯、研究方向等，对信息资源进行整合，为读者推送他们需要的信息，提供个性化服务。

二、高校图书馆大数据的来源

高校图书馆要创新服务模式，就必须了解读者的需求。大数据环境下，高校图书馆以读者数据为基础，通过对读者行为信息的分析，预测读者对学科知识的需求，借助图书馆的各种资源展开个性化服务。

对高校图书馆的数据来源，学者们见仁见智，各持己见。有学者认为，图书馆的大量数据来源包含视频设备、读者检索、门禁通道、咨询活动、有线网络、反馈数据等；有学者认为，图书馆数据的来源有 OPAC 数据、使用数据库数据、自身管理系统运行数据、网络行为数据、科研中数据等。有学者认为，在个性化服务中，高校图书馆产生的数据包括读者的各类数据，如借阅检索图书记录的数

据集合、图书馆图书文献的数据集合、使用图书馆间隔时间的数据集合等。

大数据时代，多数高校图书馆拥有许多有关读者的信息数据：包括查询日志OPAC、读者身份信息、利用图书馆系统借还书信息、图书馆网页的访问量、使用图书馆社交媒体的频次、利用图书馆电子资源的数据等。对不同读者的教育背景、研究领域、阅读爱好等数据进行综合研判，最终决定高校图书馆读者服务的方向，为读者提供参考咨询、信息推送、学科介绍等个性化服务。

三、高校图书馆个性化信息服务建设的重要意义

对于我国各个高校图书馆来说，全面开展个性化信息服务具有较为显著的现实意义。

（一）提高了图书馆运作效益

个性化信息服务可以面向师生群体提供更符合他们需求的服务内容，使得师生群体花费更少的时间就能够获取自己所需要的文献知识资料，显著提高了图书馆的运作效益。

（二）改变了图书馆服务方式

在大数据时代背景下，个性化信息服务体系会通过互联网渠道全面开展，最终形成基于互联网环境的智能服务模式，突破了传统线下服务的低效体系。

（三）优化了资源的呈现方式

在全面建设个性化信息服务体系以后，图书馆资源的呈现方式将不再是以前的分类模式，而转变为了基于不同师生群体的个性化呈现模式。即各个师生通过图书馆提供的个性化信息服务，可以获取符合自己需求的图书内容，并通过平台的指引进行图书的精准定位，使得图书馆资源可以在个性化服务模块中进行重新整合，提高了服务的精准性。

四、高校图书馆实现个性化服务的内容

高校图书馆只有掌握了读者的行为数据，才能真正做到为读者提供精准化、个性化服务。例如，为了更好地宣传图书馆资源，可将图书馆资源培训课程安排在读者使用图书馆的高峰时段。通过对读者类型进行分析，结合图书馆座位系统，将相关图书资源定向推送给读者；通过图书馆的流通系统，对读者借阅数据进行

挖掘分析，探询读者阅读倾向与爱好、馆藏图书使用情况、读者学科背景信息等，助力图书馆制定更加切实可行的服务策略，引导读者阅读。通过对读者入馆数据进行分析，选择QQ、微信、E-mail、电话等渠道与读者进行沟通交流，让读者体会到图书馆的人文关怀；利用大数据对读者个人数据进行分析，借助网络互动平台与读者互动，让读者知道自己使用图书的情况，同时感受到图书馆对自己的尊重和关注。

五、高校图书馆个性化信息服务的开展现状

在当前大数据时代背景下，我国很多高校图书馆都已经开始开设个性化信息服务体系，面向师生群体提供个性化信息服务活动。但是结合当前高校图书馆的实际运作现状来看，多数高校在这方面还存在比较显著的不足。这主要是因为个性化信息服务体系跟以前的传统图书馆服务活动存在非常大的差异，很多高校都表现出了较为显著的不适应情况。不仅如此，个性化信息服务体系的建立也需要高校可以切实提高图书馆信息化建设水平，同时还要灵活使用大数据等新型信息技术。但多数高校图书馆在这方面还存在较为显著的欠缺，导致个性化信息服务体系很难得到全面开展。

六、高校图书馆个性化信息服务的体现

（一）高校图书馆读者个性化激励

高校图书馆以其鲜明的历史人文特色已经成为很多高校的地标性建筑物之一，读者服务是高校图书馆所应有的内在功能表现，工作的主要目标是向读者提供满意的个性化服务，这也是图书馆价值的具体反映。因此，加强高校图书馆中读者服务的工作质量尤为重要。高校图书馆读者服务管理机制的建设与健全是各高校图书馆应密切关心的重大问题。其中，个性化激励是健全大学图书馆读者服务管理机制的重要基石。

1. 激励的概念

激励属于心理学范畴，激励因素通常包含三个方面的内容：需求、组织目标和动机。需求会产生搜索行为，它是一种内在的刺激，未满足的需求是动机的出发点，其目的是为了寻找能够满足需求的特定目标，这种具有特定目的的需求，会转化为动机驱动，组织目标是激励的方向和目的。

管理心理学指出，激励通常是指调动人类工作积极性的心理过程，借助一种内在或外在刺激的作用使人脑保持激动状态，调动人类工作积极性。简而言之，所谓激励机制，是指管理者选择适合的激励措施来发掘影响个人的积极因素，并通过这种鼓励激发个人的组织能力、才智与管理能力而最终达到管理活动目标的一种管理过程。

在对图书馆员工进行激励的过程中，要保证每个员工的愿望都得到满足，进而提高其工作能力，无论是为了大学图书馆的整体发展或图书馆的读者都具有非常重要的作用。

2. 个性化激励概念

个性化激励是以满足不同个性化的需要为前提条件，从而最大程度完成组织目标的所有个体意愿的集合。个性化激励机制的概念可以提醒管理者要改变"我要给员工一定的奖励"的观念，多考虑"员工需要怎样的奖励"。

因为图书馆人员分工细致，每个人的工作内容都有所不同，服务工作中必须处理的问题也多种多样。图书馆作为激励的一方，有必要帮助员工尽可能地实现愿望，也可以帮助所有员工更热情地投入到工作当中。高校图书馆在激励员工的过程中也需要有正确的定位，要充分考虑到受益人是员工，一切要以员工的需要为基础，不能从管理者的自身情况出发给员工进行奖励。

3. 高校图书馆读者服务个性化激励

高校图书馆的读者服务个性化激励，是指最大限度地达到本馆的业务目标与读者个人需要满足的统一。高校图书馆读者服务的个体激励要关注读者个体的内在因素，尊重个体需求，为其提供心理满足，给予表扬与鼓励。

（二）图书馆的用户个性化档案

1. 加强用户个性化档案信息的归集整理和利用的必要性

档案是国家机构、社会组织或个人在社会活动中直接形成的有价值的各种形式的历史记录。图书馆作为图书的收集、传递、服务机构，用户在使用图书馆资源与服务的过程中必然会留下很多"痕迹"。这些痕迹以数字、数据、符号等形式记录存储在图书馆的各类系统中，形成图书馆用户个性化信息档案。

由于图书馆员素质和技术条件的限制，当前大部分图书馆对用户个性化档案信息仅作存档，并未对其进行充分开发和利用，基本处于闲置状态。而在智慧图书馆环境下，智能化、精准化、个性化是其显著特征。提供智能、精准、个性化智慧服务均以分析用户当前需求和潜在需求为前提，以用户个性化档案信息为基础。因此，在智慧图书馆建设过程中，加强用户个性化档案信息的归集整理和利用是重要的基础环节。

2.图书馆用户个性化档案信息的主要内容和功用

图书馆用户个性化档案信息主要包含个人身份识别信息、个人资源与服务使用信息及个人行为轨迹信息等。个人身份识别信息主要包含具有身份识别属性的文本信息和生物特征信息，文本信息主要包括用户姓名、性别、身份证号、读者证号、专业、学历、家庭住址等，生物特征识别信息主要包含指纹、人脸、虹膜等信息。个人身份识别信息主要用于实现用户身份识别，以确定图书馆与用户的一对一关系，区分图书馆的不同用户。个人借阅档案信息主要指读者在图书馆借阅过程中产生的各种记录，主要包含借阅图书信息、借阅行为信息（如借阅时间、归还时间）、资源使用记录等。通过对借阅信息的处理和分析可以了解读者的基本阅读偏好、阅读习惯、借阅信用、专业背景、研究方向等信息，掌握用户的个性化信息需求，并将其需求与新书推荐、参考咨询、专题服务等业务相结合，有针对性地为用户推送他们所需的资源和服务。个人轨迹信息主要利用图书馆门禁、借阅读卡器、监控摄像头等设备，依托RFID和人脸识别等生物识别技术实现用户在馆内的动态身份识别，并不间断地记录用户在图书馆的时空运动轨迹。在智慧图书馆建设中，目前图书馆采用最广泛、最便捷的生物特征识别技术即人脸识别技术，人脸信息对于实现图书馆人与馆舍环境的感知具有决定性作用。轨迹信息是图书馆针对用户开展信息空间精准推送服务的重要依据。

（三）高校图书馆个性化推荐服务

1.数字图书馆个性化信息推荐服务

（1）意义

在信息时代的背景下，用户身处在数据信息的环绕之中，人们对于提高文化素养加强自身能力，对自己有用的信息"求贤若渴"，从而造成大众化的信息已经无法满足人民群众的要求，个性化定制的信息服务将逐渐成为人们获取信息的主要途径，这也要求数字图书馆必须改变传统的信息推荐服务模式，以适应现代社会环境下的用户需求。数字图书馆的信息服务对象多具有专业性，例如学生、教师或行业专家，这些群体对信息的获取具有较强的专业要求，除了其本身需要获取的信息外，还有对后续科研和教学的铺垫。正因为这些特性，使得数字图书馆不能再使用传统的推送服务，要结合用户的信息资源数据，建设有助于用户操作的信息系统。并且现阶段部分用户是依靠兴趣爱好来使用数字图书馆，其需求的内容与专业用户不同，两者的个性化服务也存在差异，前者应是兴趣爱好偏娱乐性的需求，而后者则是为了提高实践和应用能力的专业需求。此外，网络的快速发展使得数字图书馆不再是用户获取专业信息的唯一途径，高效的网络让用户之间的信息交流剧增，电子书、数据库等多媒体信息资源开始与数字图书馆竞争，这就导致数字图书馆急需提供个性化的信息推荐服务，优化系统配置，提高数字服务质量。

（2）服务形式

①个性化信息获取与个性化服务互动

数字图书馆利用智能化过滤信息，个性化推荐服务系统为用户提供全方位的数字服务，一般是以静态获取和动态获取两种形式为主。静态获取以用户信息模块为基础，而动态获取则以智能过滤为基础，信息系统将会分析用户在动静态中不同的需求，并以此建立用户个人的数据库，根据数据库中的行为偏好、信息习惯、使用记录为用户智能推荐个性化信息。这也是目前大多数数字图书馆所应用的个性化信息推荐系统，其优点是可以依靠系统大量数据的分析得出最符合用户推荐信息的结果，减少用户获取信息资源的检索时间，提高信息服务效率。而其缺点则是智能过滤技术下的交互不足。以用户行为作为基础的推荐服务在大体上是符合个性化推荐服务要求的，不过智能过滤技术的本质是收集信息后传递信息，并未从根本上获取到用户的个性化需求。要想进一步提高个性化推荐服务的覆盖效果应当加强对个性化信息的获取和收集。例如个人书架、个性化检索等服务系统，以个性化检索来说，当用户检索"数字"时，因为其覆盖面广，个性化推荐服务难以准确定位。此时个性化服务系统应加强对"数字"的智能过滤，不仅要在数据中将最为关键"数字"信息提取出来，也应在检索目录列出信息、技术、图书馆、系统等与"数字"有连带关系的热门数据，还可以列举数字化、数学、指数等跟"数字"类似的信息，使用户能够进一步筛选出其需要的内容。基于智能过滤技术的数字图书馆个性化信息推荐不应是单独的、唯一的，而应该是在用户需求范围内给出最贴切、适宜的数据信息。

②个性化信息智能服务体系

在对用户个性化收集、分析并分门别类后，数字图书馆的个性化信息服务应当建立智能推荐服务体系。首先应根据相同类型的数据信息统一的数据库，运用分析系统再对用户的喜好和个性化信息进行细致划分。在用户下一次或长时间后再次使用数字图书馆，可以根据数据库推荐信息，并根据用户的反馈再次更新数据库。此服务形式较为简单，需要准确了解用户个人信息。而智能过滤系统则可以根据用户的所在地进行信息推荐。其次是开展实时咨询服务，部分用户可能会查找自己感兴趣的信息资源，但对于需求情况和详细内容难以描述，例如小说、散文类的数据信息，很容易出现推荐服务不符合用户需求的情况，用户也没有过多的检索或浏览信息，多是因为用户想寻找类似、相似类型的信息，这时就需要实施咨询服务，不再从用户行为中寻找个性化信息，而是直接与用户相互配合，帮助用户完善个性化服务。

③个性化信息推荐服务

对于一个能准确了解自身需求的用户，个性化信息推荐服务应寻找相似数据信息并加以拓展；而对于需求宽泛或要求内容不准确的用户，个性化信息推荐服务应在搜索数据范围的前提下，推送符合用户的信息。传统的个性化信息服务系统需要用户手动选择信息类别，然后向系统提交所需数据，这种服务形式不仅效率低下，而且伴随着使用人数的增多，信息服务系统的压力也面临着危险。智能过滤技术将用户需求的信息进一步进行分析，并将用户所需要的数据分类在页面之上，可以降低信息服务系统的压力，并增强对用户信息的收集。面对一些寻找信息并不准确的用户，个性化信息推荐服务应以覆盖范围广，推送内容少而精为主，在用户选择到自己所需的信息资源或类似数据的情况下，缩小推荐范围，增加推荐内容，智能化帮助用户进行筛选，改变过往逻辑化的计算形式，使信息推荐服务趋于智能化。

2. 图书馆书目个性化推荐

随着人们生活水平的不断提高，人们对精神生活的追求也日益提高，图书馆已经成为人们经常停留的地方。随着无线移动网络技术的成熟，许多电子图书被保存于图书馆中，人们如何从大量的书籍中找到自己需要的图书十分重要。图书馆书目推荐系统可以帮助人们快速定位到需要的书籍，提高了图书馆资源利用率，因此设计性能良好的图书馆书目推荐系统已成为图书馆研究领域的一个重要方向。

图书馆书目推荐系统解决了传统图书查找方式，具有一定的智能性，是图书馆管理的一个重要组成部分，当前存在许多有效的图书馆书目推荐系统。最常用的图书馆书目推荐系统为：基于朴素贝叶斯算法的图书馆书目推荐系统，基于人工智能技术的图书馆书目协同推荐系统等，它们根据一定的规则将图书书目推荐给用户，减少了用户选择图书时间，但是这些系统存在一定的缺陷，如：无法满足不同用户对图书馆书籍的个性化需求，针对性不强，而且图书馆书目协同推荐精度低。

为了解决图书馆书目推荐系统无法满足用户对书目的个性化要求的缺陷，提出了基于协同过滤的图书馆书目个性化推荐系统。首先建立了图书馆书目个性化推荐系统的总体结构，然后根据协同过滤算法计算图书和用户间的相似度，最后根据相似度对书目进行排序，并根据排序结果向用户推荐真正需要的书目，测试结果表明，该系统充分考虑了每一个用户的不同需求，降低了图书馆书目推荐误差，图书馆书目推荐结果更加具有针对性，相对其他图书馆书目推荐系统具有十分显著的优越性。

七、高校图书馆个性化服务策略

（一）创新服务领域

在新时期的背景下，高校图书馆不仅需要积极改变传统的观念，还应树立一切以读者为中心，站在读者的立场上去开拓本馆新的服务领域，从而促进自身的健康发展。对此，主要可以从以下几个方面着手：其一，积极创新服务内容。在实际情况下，图书馆可以借助大数据技术，细致分析读者的需求，然后根据分析的结果，对自身的服务进行分层，针对不同层次的读者提供不同形式的信息服务，提高信息服务的针对性与可靠性。与此同时，高校图书馆还可以积极建设自身的电子论坛，为读者开设网络阅读服务，并在论坛中详细阐述新时期图书馆信息检索及获取资料的方式方法，帮助广大读者充分掌握线上阅读的技巧。另外，还应当积极创新服务手段，加大软硬件技术的引入，充分发挥出现代化技术的优势，提高图书馆的先进性。为此，高校图书馆应加大投资，一方面向学校、向上级申请资金补助，另一方面加强与社会力量的联系，积极引入社会资本，购买更先进的设备仪器，并加强数字图书的建设，从而构建更加良好、舒心的阅读环境，为广大读者提供多样化的服务。最后，高校图书馆还需要积极加强服务宣传，借助微信公众号、微博以及网络客户端等方式，向读者进行宣传，使得广大读者可以强化对图书馆的了解，包括资源、服务模式等。通过加大宣传，提升自身的社会形象。

（二）创新管理方式

高校图书馆在构建个性化信息服务体系的时候，也应该实现图书馆管理方式的积极创新。第一，图书馆应该做好内部服务人员的培训教育活动，转变他们的服务理念。在当前大数据时代背景下，图书馆个性化服务体系需要那些更加主动的服务人员，使得师生群体可以在享受个性化服务的时候，获得更多的服务体验。

因此图书馆应该定期针对内部服务人员进行培训教育活动,强化这些服务人员的专业素质水平,真正明确现代服务理念,使得图书馆服务体系可以取得较好的服务成效。第二,图书馆在大数据环境中应该能够积极适应大数据技术进行内部管理。比如图书馆可以通过大数据技术来明确图书的流向,使得那些更受欢迎的书籍可以布设在更加宽敞的区域或者更低的楼层等。再比如说,图书馆可以在内部管理活动中全面引入智慧管理平台,使得各项管理活动可以真正进入到互联网环境中。这样以后,图书馆个性化信息服务体系就可以得到较好的内部制度支撑,更容易取得较好的应用成效。

(三)完善资源共享机制

受限于基础设施、技术应用等多方面的影响,高校图书馆想要依靠自己的能力整合多元化的资源是比较困难的。因此,高校图书馆可以利用互联网的优势,与其他图书馆进行资源交换与整合,继而优化图书馆多元化管理模式,丰富图书馆的资源。高校图书馆可以结合大数据算法,在优化基本需求的前提下对现有的资源进行分析,实现图书馆之间资源的互通互补,继而在大数据环境下建立多元化的高校图书馆资源储备体系。

例如,高校图书馆可以借助高校城际资源交换共享、与社会图书馆资源共享等方式,确保信息资源的互通互补,实现图书馆资源的最优化应用。以高校城际资源交换共享为例,高校图书馆可以借助大数据资源内容,汇总本地高校图书资源信息,实现本校师生线上自主查阅,并通过对非本校师生发放借阅证等方式,保证大学城内的学生可以更好地获取图书资源。也可以通过图书馆之间的对接,采用互换图书的方式,确保图书资源的互通互补,满足师生个性化需求,实现资源利用的最大化。

(四)完善软件硬件建设

在大数据时代,传统的高校图书馆管理资源已经很难跟上时代发展的步伐,管理人员的素质也处于需要提升的重要阶段。因此,高校图书馆要结合个性化服务的需求,注重软件硬件更新,培养精准服务人才,提高图书馆工作效率。

例如,及时采购软件、硬件设备之后,高校图书馆可以聘请相关领域的专家,到图书馆为管理人员提供具有针对性的操作训练指导。要通过专业化的指导,帮助管理人员尽快了解设备使用情况,并通过不断的实践提高实际应用能力。同时,还需要组织线上交流和培训。当工作人员使用相关设备遇到问题无法解决时,可以通过线上交流群与其他人员一同研究解决问题的方法。这样可以培养出更多精准服务人才，推动图书馆管理工作精准化发展，为图书馆个性化服务活动的顺利开展提供良好的人才资源。

（五）开展用户个性化定制

大数据背景下的高校图书馆个性化服务，离不开用户个性化定制。高校图书馆要认真分析师生信息，对用户信息检索、线上线下资源订阅等方面进行规范化管理，确保师生能够获得良好的个性化体验。

例如，高校图书馆可以结合某一个用户使用图书馆的情况进行分析，确定其所专注的领域和感兴趣的方面。然后借助大数据技术，搜索图书馆中与其所关注领域相关的信息，并借助微信或者微博等平台进行精准化推送。这样可以确保此用户及时掌握图书馆资源信息，并根据个体需求选择是否需要进一步阅读。此外，还可以借助线上检索的方式，为师生提供在线精准化检索服务，以便师生及时获取所需的电子化资源。

（六）做好信息归纳总结工作

在大数据背景下，为保证个性化服务的有效性，高校图书馆要做好信息归纳总结工作，这是图书馆开展个性化服务的基础。因此，高校图书馆有必要对杂乱无章的信息进行归纳，做好总结工作，以更好地掌握数据信息，完善基础性的服务。同时，在归纳整合信息的过程中，要分析师生个体的需求，构建一个强大的网络信息筛选系统，为师生个性化服务提供丰富的数据基础。

例如，高校图书馆可以将校内用户进行分类，并针对每一类用户所需内容进行归纳总结，确保信息归纳总结的层次性和高效性。结合图书馆用户数据分析可以发现，图书馆用户主要包括教师、学生、管理人员、科研人员等，其中教师可以分为教授、辅导员、讲师，学生可以划分为博士研究生、硕士研究生、本科生和专科生等。不同的人员对图书的需求有所不同，高校图书馆可以结合相关数据，确定使用人员的信息，并有针对性地融入系统供学生选择使用。以本科学生筛选系统为例，高校图书馆可以融入更多与学生专业名词相关的内容，并结合学生的日常需求分析，将一些高频词汇融入图书管理和图书引导之中，从而让图书馆个性化系统检索更加准确、高效。

（七）完善图书馆数据库建设

在大数据时代背景下，高校图书馆的信息流通速度显著加快，同时师生群体的个性化信息服务需求也变得更加显著。在这种情况下,图书馆数据库中的文献资料就很难充分满足师生群体的需求。因此,各个高校图书馆也应该在大数据时代背景下不断强化数据库建设水平。在这个过程中,高校可以在图书馆文献资源化和数字化的基础上,构建完善的文献采购体系,不断补充图书馆的文献内容。由于高校用于图书馆方面的资金有限,因此在进行文献采购活动的时候,应该先对现有文献资源情况进行全面调查,并明确最稀缺的文献内容,制定文献采购的短期计划和长期计划,使得文献采购的成效可以得到较好保证。在采购活动中,高校图书馆也应该做好严格管理,一定要避免出现重复采购等问题,切实提高文献采购资金的利用效率。

(八)完善信息安全保护机制

在大数据时代背景下,高校图书馆提供的个性化信息服务都要借助于互联网渠道,使得图书馆的内部信息在互联网环境中实现了较好的流转。这种方式虽然可以较好提高图书馆内部信息的利用效率,但同时也导致这些信息面临更加显著的风险。在这种情况下,高校图书馆应该在后续时间里不断完善信息安全保护体系,避免图书馆内部信息遭到泄露或篡改。这也要求高校图书馆可以综合引入防火墙技术、权限等级技术等模块,构建图书馆信息安全防护的多元化体系,充分保证信息安全。在平时的时候,高校图书馆也应该定期进行数据备份,在数据出现意外的时候可以进行恢复,避免高校图书馆在遭受信息安全攻击以后造成较大的损失。

(九)拓展与转变个性化服务思维

运用大数据进行个性化服务,不仅是一种技术,也是一种思维。图书馆的大数据思维是在大数据的基础上,进行数据挖掘、分析、预测和判断,从而发现数据与图书馆服务的潜在关系。大数据思维与图书馆的实际工作相结合,有利于图书馆的科学管理与服务创新。

大数据时代对人与世界交流的形式和认知提出了新的挑战,对人的惯性思维进行了彻底颠覆,即对相关关系的关注代替了对因果关系的索求。有些专家学者将开放性、规律性、关联性和无偏性概括为大数据的思维特性。在大数据环境下,图书馆由资源管理服务向数据管理服务转变,大数据应用于图书馆的创新服务,是对传统数据管理服务思维的有效拓展。

将数据挖掘技术和数据分析技术应用到图书馆的个性化服务中,是高校图书馆创新服务的重要方式。与此同时，对数据进行管理与监护，也是大数据思维在高校图书馆应用的一种表现。高校图书馆可通过建构有效合理的数据监管体系，以应对数据安全带来的挑战，将大数据与数据监护应用于个性化服务的综合研究，应该得到高校图书馆的重视。图书馆个性化服务中，有许多数据是非结构化的数据，对非结构化数据合理管理与有效维护，是个性化服务中不可或缺的重要构成部分，可帮助图书馆应对大数据环境下的各种挑战。

（十）坚持"以读者为中心"的原则

在新时期背景下，若是高校图书馆想要有效地创新读者服务模式，那么首先就必须要更新传统的服务理念，时刻将读者放在中心地位，为他们提供个性化的服务。从实质上来说，高校图书馆本身就是服务性的机构。服务，也是本质属性。但是，在实际情况下，虽然很多高校图书馆都在强调"读者至上"，但是，却也只是一个空口号，读者始终处于被动地位。如今，在网络化时代中，各种电子文献资源也开始变得更加丰富，"藏书为王"时代也越走越远。因此，高校图书馆想要得到更好地提升和发展，就必须积极抛弃传统的理念，以读者的需求为出发点，以提高读者的满意度为落脚点，积极为读者提供个性化的阅读服务。在实际操作中，高校图书馆应该积极运用先进的电子信息技术手段，借助大数据技术详细分析并了解读者的信息，掌握他们的需求，然后对本馆的各种资源进行深度开发，从而为读者提供个性化的服务，满足他们的个性化阅读需求。

（十一）打造高素质、专业化的馆员队伍

在新时期背景下，为了能够为读者提供更加优质的服务，高校图书馆还必须要提升馆员的综合素质。在实际情况下，高校图书馆可以从两个方面着手：一方面加强对本馆现有馆员的教育培训，通过专业技能教育培训和思想政治教育，提升本馆馆员的综合素质；一方面应当积极引入高素质的、专业化的馆员，并采用"传、帮、带"的方式，提高本馆馆员的综合素质，从而打造出一支高素质的专业化馆员队伍。这样就能促使广大馆员在日常的工作中从内心深处去热爱图书馆的事业，领会"读者至上"宗旨，从而更加严格地要求自己，通过实际行为来落实读者服务工作，提高为读者服务的水平。

（十二）建设集成、便捷、互动的个性化服务平台

各高校图书馆为了更好地利用大数据技术，都建设了新媒体平台，对读者需求进行精准定位，让读者可以通过平台查看自己的阅读记录，了解系统提供的推

荐资源，与图书馆形成互动。

上海交通大学图书馆自主研发了一站式统计平台，将图书馆馆藏资源、学科服务、流通系统、基础信息等数据进行集成管理，为图书馆个性化服务工作提供指导。国家图书馆通过读者系统与核心资源业务系统，建设图书馆大数据平台，通过平台可对国家图书馆的服务情况、资源利用情况及主要服务对象进行深入分析。重庆图书馆借助数据来源分析系统，对图书馆的资源、服务和读者三方面的数据进行归纳和梳理，结合业务需要，建立图书馆大数据应用与分析系统、图书馆知识服务项目创新系统、图书馆大数据可视化系统。北京师范大学图书馆与商业公司进行技术合作，对 ALMA、主页、PRIMO、座位、门禁等数据进行收集整合，搭建了通用数据分析与管理平台，可精准地知道馆读者人数、图书借阅情况及座位的使用情况，为图书馆空间利用与资源选购提供数据支持。

大数据环境下，山西农业大学图书馆初步形成互动服务平台，尽管拥有完整的馆藏资源、流通系统、门禁系统、座位系统的相关数据，但各个系统基本上是独立的，分别由各部门负责管理，尚未形成一个集成便捷的互动平台。需要图书馆与相关网络运营商进行深入协调，且与图书馆用户达成隐私保护协议，并在日后的工作中不断探索实践，最终形成集成、便捷、互动的个性化服务平台。

第六章　大数据下高校图书馆信息服务的发展

本内容为大数据下高校图书馆信息服务的发展，主要从两个方面进行了介绍，依次为大数据下高校图书馆信息服务的创新措施、大数据下高校图书馆信息服务的未来发展。

第一节　大数据下高校图书馆信息服务的创新措施

一、创新服务理念

在新时代背景下，图书馆信息服务工作的进一步发展需要对传统的图书馆服务理念进行创新与优化，打破传统思想的禁锢，转变服务思想和服务理念，并对整个管理工作进行必要的创新，为用户和读者提供精准的个性化服务。首先要求图书馆的管理工作人员要明确和认识传统工作中存在的问题和局限性，明确新技术对整个行业发展的重要影响和迫切需求。只有在思想上提高认识，才能有效地促进思想的转变和创新，为整个图书馆信息服务工作的质量提升打好坚实的思想基础。

二、创新服务管理

图书馆的信息服务管理工作内容相对复杂，工作量大，需要通过不同的分工部门共同合作才能得以完成，不同部门的负责人对部门内的工作内容进行分配，不同工作人员负责不同的工作内容。随着时代的发展，信息技术广泛应用到企业的管理工作当中。在大数据背景下，要提高图书馆信息管理人员的工作效率和工作质量，在合理分工的前提下，注重部门之间的合作，不断地提升工作效率，加强服务管理工作的创新与发展。利用大数据技术条件，对整个图书馆管理工作进行优化，完善工作体系，明确工作目标，建立和健全完善的网络服务体系。目的是为客户和读者提供更加高效的便捷服务，并尊重不同客户之间的服务需求，不断深化分析用户的需求规律，通过真实的数据，合理获取用户的信息，为日后的管理工作提供重要的数据参考。同时也能实现服务质量的提升，加强信息化图书馆服务工作的管理，有利于提升图书馆管理工作的服务效果。

三、提高应急服务措施

（一）构建应急服务体系

由于突发事件本身具有较强的不可预测性，因此作为高校图书馆必须要具备较高的风险预控认知。要提升自身的应急信息服务意识以及服务理念，并且将其作为图书馆建设过程中的常态化发展目标，要坚持打有准备的仗，这样才能够提升应急管理的水平。首先要进一步强化应急服务体系的宣传和教育，尤其针对当前的图书馆管理员以及基层工作者来讲，提升其信息化服务意识和能力，能够为突发事件的应对提供有效保障；其次要打造完善的应急预案，可以结合既有的图书馆发展经验，建立在国内外先进案例的基础上，了解应急防控工作的详细内容，然后落实好各项紧急策略的部署，这样才可以及时应对紧急事件的相关需求；再次要做好技术体系优化，构建完善的技术标准。例如可以将大数据以及人工智能技术纳入图书馆日常管理体系中，以此作为图书馆团队防护技能演练的主要平台，引入虚拟现实技术，模拟公共环境下的急性传染疾病或者其他的重大公共卫生事件，不断提升内部团队的防护能力以及紧急应对有效性，这样才可以为后续的应急服务以及发展奠定基础。

（二）创新应急服务平台

新时期信息技术的发展具有较强的快捷性特点，因此高校图书馆必须要及时地抓住时代发展的契机，及时地了解用户较为感兴趣的网络服务平台，不断地开拓自身的信息服务范围，打造多元化的服务体系，这样能够让高校图书馆的服务领域更宽，同时可以迎合时代发展的受众需求。例如从原有的官方网站以及微信公众号的基础上，向短视频平台、支付软件以及游戏领域进行拓展。为受众提供多元化的应急服务通道，构建立体化全方位的服务系统，能够迎合不同类型以及不同层次受众的阅读特点以及阅读习惯，同时也可以融合到整体社会发展中去，从细节之处贯穿，这样才可以让高校图书馆的信息服务体系无处不在，且能够有效增强用户黏性以及满意度。

四、完善综合信息服务平台

图书馆信息综合管理平台的创新与优化，为一些精准客户提供高质量服务体验，是最直接的实现途径。在新时代背景下，要求图书馆管理人员做好综合信息服务平台的创新与建设，不断提升用户的服务质量和服务效果，确保客户获取更加良好的体验，有效地实现时代发展与不同用户需求之间的融合。面对这种情况，图书馆应该完善信息查询系统，包括图书的借还信息管理系统、基础服务信息系统等，为图书馆的扩大与发展提供重要的技术支持。同时对信息平台功能的完善具有重要的意义，有效提高了平台的信息储存的丰富性和多样性，也提高了信息服务平台的服务范围。比如图书馆综合信息服务平台，可以有效地结合多媒体技术、微信平台、微博和比较流行的网络平台等技术，通过技术合作，可以实现更加高效的信息传递，使整个客户的图书体验感和体验质量得到明显提升，也有利于图书馆构建综合的信息服务平台，方便对客户需求信息的深度挖掘和处理，对日后的服务工作质量提升具有重要促进作用。

五、明确图书馆的服务方向

在大数据的引领之下，图书馆的传统业务逐渐发生变化，实现了数据共享、数据分析等目标，在图书馆发展的过程中，数据服务以及存储模式也逐渐扩展，这为图书馆指明了新的发展方向。于图书馆而言，信息资源种类较多，其中包括非结构化信息、结构化信息，这些信息的类型、格式等存在明显差异，一定程度上实现了图书馆数据资源的多样化发展。现阶段图书馆逐渐向数字化的方向发展，在这个过程中，大数据为图书馆的发展提供了有力支持，大数据可以在充分分析相关内容的基础之上，预测读者的喜好，找准读者的心理，从而根据读者的需求制定科学化的服务模式，这将是图书馆的发展目标。此外，图书馆可以充分发挥网络社交平台的积极作用，搜索平台上的相关数据信息，如微博、淘宝浏览信息等，通过分析这些信息，挖掘用户的实际需求、潜在需求等，从而使图书馆服务逐渐向现代化、智能化、深入化的方向发展。

六、加强知识产权保护意识

（一）营造知识产权保护氛围

（1）推动师生开放获取实践，强调当下所处的知识产权专有与信息共享的协同创新环境现状，提供开放科学中数据传播和使用的许可协议建议及相关的国家政策与法律咨询，促进新型成果共享，以推动数据挖掘、人工智能技术等新型技术在更广泛的层面的应用。例如，引导师生以学术共同体身份参与构建全球开放式创新生态链，为师生介绍国际开放式科研社区先进的科学交流行为，例如学术贡献系统 CRediT、匿名评论同行评审网站 Pub Peer、同行评议平台 Publons 等。推广知识共享（Creative Commons，简称 CC）许可协议（整体许可）与开放数据公用（Open Data Commons，简称 ODC）许可协议（数据库许可）等的使用，考虑不同协议授权的不同来源的科研数据许可协议兼容性，允许其他科研同行使用数据。

（2）指导师生"合理使用"他人科研成果，为科研行为负责任，包括学术图片引用、数据重用等问题，需要为师生解释图片的权属问题、科研文章出版机制，表明成果中的数据或图表可能属于期刊编辑部、与期刊合作的出版社、开放存储机构或其他数据库，需要获取对方的授权许可，从而引导师生遵守版权规定，指导师生获得各类期刊文章版权许可的方法，包括订阅类（收费）期刊和开放获取类期刊版权许可的获得方法等，了解美国版权结算中心（Copyright Clearance Center，简称 CCC）的授权解决方案和 CC 协议，以避免使用他人已发表成果的侵权风险。

（3）提倡高价值专利的法律、技术与市场价值的培育意义与高校实施路径、策略与政策。

（二）知识产权素养培训

从服务推广来说，发展以学科为基础的知识产权素养培训，政策、法律与学科侵权案例作为指导内容以拓展服务深度。服务内容以培训与咨询作为基础服务内容，调研、分析、参与合同协商等可作为进一步的增值服务内容。

1. 个性化学科培训

IFLA 公布的《国际图联关于版权教育和版权素养的声明》指出，教育和培训必须要反映学生要应用这一知识的背景，同时也要关注积极的权利（如文本和数据挖掘或相关的合理使用），还要考虑其他法律问题，如隐私和责任。因此，培训内容要注重结合用户的学科背景。另外，培训为科研人员提供自主学习和定期培训两种方式。

2. 积累学科侵权案例

图书馆应持续积累不同学科的科研成果知识产权案例，特别是建立高校特色学科的知识产权案例库，通过媒体专栏定期推送或方便师生遇到相似事务咨询时使用，了解在学科文化规范中存在的各类科研成果共享障碍，避免侵权纠纷，提高科学数据应用水平，辅助师生举证维权。

3.深入政策与法律宣传内容

图书馆内部可积累相关知识和服务资源储备，制作规范政策的解读宣传册，例如高校学术规范、高校知识产权政策、科学数据共享、国际合作研究政策等。

七、做好用户信息的处理工作

在营销界中流传着"啤酒与尿布"这一销售案例，两者看似并无关联，但是通过数据分析，找到两个商品之间的关联性，并对商品的摆放位置进行调整，从而提高销售业绩，这一成功案例可以为图书馆的服务发展提供相应的经验。在日常生活当中，许多物品存在一定的关联性，将存在关联的物品整合起来，可以形成巨大的效益，从而提高资源的利用率，这是现阶段图书馆转型过程中需要思考的问题。在图书馆发展的过程中，收集读者的行为日志，通过对收集的信息进行分析，可以了解到各类读者的借阅行为，利用读者的检索记录分析读者的喜好，明确读者的阅读方向，通过这样的方式，可以了解到读者的行为轨迹，根据读者的习惯、兴趣等推送相关的资源信息，进而满足用户的阅读需求。结合大数据的先进技术，构建资源需求分析模型，在借助模型优势的基础之上，提高图书馆的竞争力。

八、向科研用户提供精细化服务

从服务对象来说，高校图书馆可根据特殊服务群体开展各项具体服务，形成面向科研用户的精细化服务内容。

（一）实验室人员

图书馆知识产权专员可合理嵌入实验室，了解实验室的科研行为，参与实验室规范建设，有利于给予用户提供更好的咨询建议，特别是与实验室知识产权专员的业务对接与交流。《高等学校知识产权管理规范》（GB/T33251-2016）可作为嵌入服务指南，例如，知识产权保护中的合同管理、科研成果侵权风险管理、知识产权运用的策划推广等章节内容。参与实验室的高价值专利培育，为实验科研人员提供专利申请前期的专利布局、专利评估、专利查新等咨询服务，从法律角度提供降低专利技术侵权风险的咨询建议。

依据科研数据生产、发布和共享等过程的生命管理周期，为实验室人员编写不同机构资助、不同阶段数据的合理使用规范提出建议，包括数据创造、存储、使用、共享，应用元数据标准建议，数据知识产权和科研行为责任。

关注实验室知识产权综合保护方案。实验室中，开源社区中开源软件共享为常态，开源软件的许可协议建议往往需要考虑知识产权保护的综合方案，帮助实验室消除或规避由数据的滥用和误用带来的风险，特别是产学研中的知识产权风险，涉及开源软件的许可，专利申请、软件著作权申请或商业化后的商业秘密保护等多种知识产权综合保护。例如，人工智能领域，产学研合作中企业转移了高校的自动化系统的专利，其系统内置算法软件。若高校实验室人员只开放了非专利使用协议，例如 GPL 许可协议，将造成其他使用此软件的用户申请专利具有侵权风险，除非软件所有人开放运行专利授权许可协议。因此，此案例表明技术的整体布局方案需要在技术转化前期就开始实施。

（二）合作研究人员

合作研究人员主要包含联合培养博士、协同创新人员、交流学者。由于此类人员属于成果交流频繁状态，服务过程实际是一个边学边做的过程，馆员应与服务对象多交流，以维护本校及本校人员的知识产权成果。合作前，提供未来科研成果的知识产权归属问题合同协商咨询；合作中，提供产学研技术转移的合作方式选择以及创新成果再研发的知识产权归属和分享问题咨询；合作后，提供实验室知识产权管理规范下常规的利益分配方案及纠纷处理机制供参考。

特别针对国际合作研究，高校亟待国际科研合作知识产权指导。界定国际科技合作成果的所有权便于确定专利申请权归属。合作国家与中国的协议往往规定了国际合作中知识产权归属，例如中意协定、中法协定、中欧协定及中俄协定等。《科研诚信新加坡申明》《科研诚信蒙特利尔声明》《科研诚信阿姆斯特丹议程》作为相应的全球科研活动指南，倡议个人和机构合作伙伴在学科的合作研究中的责任，建议他们较早与合作研究的课题组对科研成果的归属达成共识。指南可适用于合作指导和联合培养博士生、交流学者访问、大科学合作等合作研究活动。图书馆对这些国际指南的解读，师生可增强对国际合作研究前的交流沟通，预防权利纠纷。

（三）新入职员工、新生

针对新人，图书馆应当与其建立良好的交流渠道，多推广学校的学术规范，同时辅助学校人事部门做好新进人才的知识产权背景调查工作。

（四）引进的高端科研人才

科研机构人才流动的知识产权风险预防、管理与控制将是图书馆配合行政人事部门的一项重要工作。引进人才的学术不端评估和成果知识产权评估均有必要实施。

（五）预离职人员、准毕业学生

帮助准毕业学生梳理毕业论文规范是馆员的主要任务，包括了规范培训、论文相似度咨询、科研数据存储及说明等等。其次，图书馆应指导预离校人员如何进行离校后的成果知识产权切割，明确职务发明的权益以及高校商业秘密保护措施说明等等。

第二节 大数据下高校图书馆信息服务的未来发展

一、万物互联

通过充足的宽带资源以及网络空间，物联网技术可以加速实现图书馆的深入改革，完成数字图书馆的万物互联。例如侵入式课堂、讲座、3D 虚拟图书馆的应用等，从而提升图书馆的服务质量及效率，深入挖掘文献的价值。为了进一步提高图书馆的管理和服务水平，促进馆内文献管理质量的提升，优化运用成本等，可以根据 5G 技术中的 mMTC 等技术特点，选择合适的应用方向，完成图书馆的升级工作。

近几年以来，物联网得到了迅速的发展，在 4G 网络条件下，物联网存在一定的时间延时，而且网络资源不丰富。而在 5G 环境下，各个互联网设备都能够网络的低时延、高密度接入，不仅是技术对应用的覆盖，还是业务对物联网的应用。利用 RFID、全球定位系统等，数字图书馆可以完成更加复杂的交互工作。

二、云图书馆

受到地理位置等因素的限制，使得图书馆的服务范围受到了限制，一些较大的多媒体文件不能被各个地区的用户访问及获取，且传输的成本较高。而"云"

图书馆的出现很好地解决了这一问题。"云"图书馆的核心是"云"服务，也就是通过先进的云服务处理技术，把数字图书馆的各项工作交给云服务处理。云服务通过互联网技术给人们提供了大量的资源。除此之外，通过云服务可以扩展数字化资料的存储空间，摆脱了地区以及存储规模的限制，而且无须进行过度的维护工作。

三、服务智能化

在信息处理技术迅速发展的背景之下，多角度的大数据分析，有助于图书馆完善服务体系，根据分析结果推荐用户所需信息资源，可以方便读者在短时间内找到所需信息。与此同时，创设智能化的服务环境，使读者沉浸在良好环境当中，从而增加读者的积极阅读体验。在大数据的背景下，充分发挥语义分析技术的作用，可以为数据安上智能化的细胞，使用户通过智能检索获得数据信息。通过语义分析技术，可以确保分析的准确性、科学性，在计算机理解的基础之上检索出用户的所需内容，缩短了搜索时间，提高了阅读效率。例如，用户想要搜索企业发展模式，可以直接从多个平台中进行检索，之后慢慢甄别信息，这样会浪费大量时间，运用语义分析技术，可以对用户的意图进行分析，从而过滤掉无用的信息，使用户真正了解企业的未来发展情况。

四、管理信息化

在图书馆发展的过程当中，可以充分发挥大数据的价值，利用大数据进行分析，在此基础之上给予用户针对性的服务，从而拓宽服务路径。图书馆内部管理工作对于图书馆的发展起着积极作用，在大数据时代下，可以推进管理信息化向管理数据化发展，这将实现管理工作的飞跃。第一，在图书馆服务工作中，工作人员发挥着重要作用，工作人员的服务情况、服务内容以及服务态度等都会对服务工作的进一步开展产生影响，利用大数据搜集工作人员的工作情况，并对收集的数据进行分析，通过分析评估工作人员的工作质量等，管理人员可以结合数据分析，对工作人员的工作情况进行评优，这为人员管理提供了有效支持。第二，读者在阅读的过程中也会产生相应的数据，利用数据处理平台收集数据内容，分析数据的价值，在此基础之上调整服务模式，可以为图书馆服务工作的进一步开展奠定良好基础。在未来，图书馆的发展势必要经历信息化到数据化的这一阶段，在数据化发展的进程当中，管理人员可以充分发挥数据的价值，结合数据分析改变管理模式，优化管理内容，在创新管理的基础之上提供优质服务、个性服务，从而使用户的阅读需求得到满足，在这过程中注重保护用户的隐私，可以保证阅读的安全性。

五、虚拟化图书馆

图书馆的馆藏建设模式已经由纸质形式转变为数字化模式，通过 VR 技术以及 5G 通信网络，图书馆也有着虚拟化模式的方式。在 5G 环境下，虚拟化场景服务被广泛地应用到数字化当中。虚拟现实以及现实增强技术作为现代化信息技术的重要部分，对图书馆的发展起到了重要的作用。用户能够利用裸眼或者设备感受到较为真实的场景体验，展现出内容的真实效果。

5G 通信网络具有超宽带高速度的传输能力，能够避免 VR/AR 当中存在的不足问题。在数字图书馆中融入 VR/AR 技术之后，有利于图书馆把数字化工作引入到虚拟化的场景当中，从而实现信息的有效融合、图书馆仿真系统等，促进信息渗透的应用，给人们的访问、浏览、查询等工作带来了极大的便利。

六、信息服务多元化

对于各个高校图书馆来说，应该在大数据时代背景下积极发挥现代信息技术的作用与价值，最终形成多元化信息服务体系，拓展信息服务的内容。一方面，高校图书馆可以推出个性化信息检索服务。即图书馆平台通过使用大数据技术分析用户的兴趣偏好、信息需求、性别年龄、师生身份等信息，进行数据的后台分析，提供更加精准的检索服务。通过这种方式，用户在检索同一个关键词的时候，最终呈现出来的检索内容也会有一定的差异，使得检索内容可以更好满足用户的需求。另一方面，高校图书馆也可以推出个性化资源推荐服务。即图书馆平台结合用户长期使用平台的一些信息（具体有检索偏好、历史浏览等），从庞大数据库中给用户推送一些他们可能感兴趣的知识信息，可以较好拓展用户的阅读内容。对于图书馆来说，要想保证这些服务的最终功能，也需要综合利用数据挖掘分析、相关分析、协调过滤等各类技术模块，提高海量数据的处理效率。

七、服务空间虚实融合

从服务空间来说，采用虚实融合的图书馆知识共享空间以促进服务效果提升。在线课程中互动效果及用户在线学习的反馈评估数据可予以关注。咨询服务是一个持续与内外部科研环境不断协调的服务，图书馆为校内外创新主体对话提供实体空间是一个选择。图书馆馆内研讨会、沙龙、新媒体、视频形式均有利于不同创新主体与服务人员之间协商、讨论、咨询服务。学院、实验室也是馆员与师生针对具体科研行为交流的空间。

八、机器人的创新应用

目前，图书馆积极将机器人技术应用于业务分流和各项服务中，基于机器人和数据库相连的特征而提供的资料检索、信息咨询和陪伴阅读等诸多服务，不但可以提升用户的满意度，缓解人力不足的问题，同时还有助于馆员投入到更有价值的服务中，增进图书馆的教育功能。

机器人是当今图书馆提高服务质量和水平、实现转型升级的有力帮手，可对服务进行自动化升级，减轻馆员劳动负担，有效提升工作效率；同时，机器人也正在成为图书馆与读者沟通互动的新桥梁和新纽带，它的出现提供了人性化、专业化、智能化的服务方式，极大丰富了读者体验，也将对公众的阅读行为产生积极影响。未来，随着技术、场景和资源的综合积累，机器人将进一步打破信息和服务的壁垒，为图书馆的不同场景提供更加有效的智能化适配方案，为用户提供更为个性化的服务，不断增强亲和力、吸引力和感染力，更好地发挥图书馆吸引公众参与、满足大众精神文化需求的功能，促进图书馆服务的智能化水平实现新的跃升。

参考文献

[1] 谢蓉，刘炜，朱雯晶.第三代图书馆服务平台：新需求与新突破[J].中国图书馆学报，2019，45（03）：25-37.

[2] 柯平，邹金汇.后知识服务时代的图书馆转型[J].中国图书馆学报，2019，45（01）：4-17.

[3] 吴建中.再议图书馆发展的十个热门话题[J].中国图书馆学报，2017，43（04）：4-17.

[4] 王凤满.我国高校图书馆智库型服务体系研究[J].图书情报工作，2015，59（23）：45-50.

[5] 韩翠峰."互联网+"环境下的图书馆服务转型与发展[J].图书与情报，2015，（05）：29-32.

[6] 谢蓉，刘炜，赵珊珊.试论图书馆阅读推广理论的构建[J].中国图书馆学报，2015，41（05）：87-98.

[7] 邱冠华.公共图书馆提升服务效能的途径[J].中国图书馆学报，2015，41（04）：14-24.

[8] 楚存坤，孙思琴，韩丰谈.基于层次分析法的高校图书馆学科服务评价模式[J].大学图书馆学报，2014，32（06）：86-90.

[9] 孟祥保，李爱国.国外高校图书馆科学数据素养教育研究[J].大学图书馆学报，2014，32（03）：11-16.

[10] 王敏.我国图书馆创客空间服务及构建方案研究[D].长春：东北师范大学，2014.

[11] 初景利.嵌入式图书馆服务的理论突破[J].大学图书馆学报，2013，31（06）：5-9.

[12] 蔚海燕，卫军朝.研究型图书馆学科服务的转变：从学科馆员到学科服务平台[J].大学图书馆学报，2013，31（06）：74-81.

[13] 柯平，朱明，闫娜.国外图书馆管理研究述评[J].中国图书馆学报，2013，39（05）：83-97.

[14] 白冰，高波.国外图书馆资源共享现状、特点及启示 [J].中国图书馆学报，2013，39（03）：108-121.

[15] 张文彦，武瑞原，于洁.大数据时代的图书馆初探 [J].图书与情报，2012（06）：15-21.

[16] 张新兴.公共图书馆服务体系的信息资源建设模式研究 [D].武汉：武汉大学，2012.

[17] 初景利.我国图书馆学科服务的难点与突破 [J].中华医学图书情报杂志，2012，21（04）：1-4.

[18] 任萍萍.国内图书馆知识服务研究综述 [J].图书情报工作，2012，56（07）：5-10.

[19] 李晓辉.图书馆科研数据管理与服务模式探讨 [J].中国图书馆学报，2011，37（05）：46-52.

[20] 朱开忠.图书馆转型研究 [M].北京：人民邮电出版社，2011.

[21] 赵蓉英，王菊.图书馆学知识图谱分析 [J].中国图书馆学报，2011，37（02）：40-50.

[22] 崔波，岳修志.图书馆加强阅读推广的途径与方式 [J].大学图书馆学报，2010，28（04）：37-39+124.

[23] 王素芳.国外公共图书馆弱势群体服务研究述评 [J].中国图书馆学报，2010，36（03）：95-107.

[24] 孙坦，黄国彬.基于云服务的图书馆建设与服务策略 [J].图书馆建设，2009，（09）：1-6.

[25] 胡小菁，范并思.云计算给图书馆管理带来挑战 [J].大学图书馆学报，2009，27（04）：7-12.

[26] 谢丽娟，郑春厚.美国高校图书馆社会服务发展现状及启示 [J].中国图书馆学报，2009，35（02）：93-97.

[27] 袁宝宇，杨华.浅谈高校图书馆与大学生信息素质教育 [J].现代情报，2007，（09）：205-206.

[28] 徐恺英，刘佳，班孝林.高校图书馆学科化知识服务模式研究 [J].图书情报工作，2007，（03）：53-55+116.

[29] 范并思，胡小菁.图书馆 2.0：构建新的图书馆服务 [J].大学图书馆学报，2006，（01）：2-7.

[30] 胡海燕.日本公共图书馆读者服务研究 [D].武汉：武汉大学，2005.